리더의 자격

리더의 자격

1판 1쇄 발행 ‖ 2023년 4월 20일
지은이 마이클 스캔츠 ‖ 옮긴이 김경문 ‖ 펴낸이 김규현 ‖ 펴낸곳 경성라인
주 소 경기도 고양시 일산동구 백석2동 1456 - 5 ‖ 전 화 031) 907 - 9702   FAX 031) 907 - 9703
‖ E—mail kyungsungline@ hanmail. net ‖ 등 록 1994년 1월 15일(제311—1994—000002호)

ISBN 978—89—5564—190—5 (03320)

※ 책값은 뒤표지에 있습니다.
※ 잘못 만들어진 책은 구입하신 곳에서 바꾸어 드립니다.
※ 경성라인은 밀라그로의 자회사입니다.
※ 이 책은 '리더의 힘' 개정판입니다.

리더의 자격

마이클 스캔츠 지음 | 김경문 옮김

경성라인

contents

2장 능동적으로 생각하는 리더

3장 통찰력 있는 새로운 리더, 변화하는 리더

4장 패배를 말하지 않는 리더

5장 용기 있는 리더, 생각하는 리더

스티브 다눈치오의
추천사

나는 경영자들을 위한 멘토, 워크숍 발표, 그리고 1975년 이후에 나온 자기개발서의 열렬한 독자이다. 그러나 요즘음 우리 분야에 관한 독창적인 읽을거리를 찾기가 아주 어렵다. 그에 반해 이 책은 조금 다르다.

참된 스승은 진리를 취하여 비즈니스 리더들이 유용하게 활용할 수 있도록 영감과 독창성을 불어넣는다. 그리고 이 독창성과 영감은 탁월함을 정의하는 중요한 자질이기도 하다. 위대한 사람들을 연구하다 보면 그들의 삶에서 번뜩이는 섬광과 같은 것을 느낄 수 있다. 이들은 스승의 그늘에서 벗어나 자신만의 것을 익히기 위해, 삶의 모진 시련과 고통, 기쁨, 질병과 회복, 삶과 죽음, 단란함과 외로움, 절망과 환희를 맛보며 여러 가지 형태로 자신을 단련시킨다. 이렇게 해야만 무에서 특별한 영감을 얻을 수 있고 사람들을 이끌어갈 수 있다.

마이클 스캔츠와 나는 우주를 포함한 다양한 주제에 대해 이야기를 나누었다. 내가 아는 사람 중에 마이클처럼, 우주의 법칙과 인간의 심리를 연구하고 명상하며 실제로 적용한 사람은 보지 못했다. 마이클은 아마도 내가 만난 사람 중에 가장 책을 많이 읽은 사람이기도 하다. 하지만 그는 거기서 멈추지 않았다. 그런 훌륭한 스승에게 배운 것을 세상에 적용한다. 그가 진리를 사랑하는 것을 보면, 진리를 활용하는 능력만큼이나 경이롭다. 또한 그는 리더의 자격을 말로만 하지 않고 자신만의 특별한 방법으로 실행하여 큰 성공을 거둔 사업가이기도 하다.

지난 책에서, 나는 성공적인 삶을 위한 코치, 생산성 훈련자로 지난 30년간 같이 해 왔던 사업가들의 다섯 가지 단계에 대해 대략적으로 설명했다. 그 다섯 가지 단계는 생산성이 낮은 단계에서부터 높은 단계까지로, 즉 ①두려움, ②욕망, ③자부심, ④임무, ⑤사랑으로 분류할 수 있다. 사랑으로 이끄는 리더는 전 세계인구의 4%, 비즈니스 세계에서는 0.01%에 불과하므로 매우 드물다고 할 수 있다.

당신은 지금 리더십에 관한 매우 귀한 자산을 들고 있다. 이 책은 이전에 결코 출판되지 않았던 영적 리더십에 관한 보고서라고 할 수 있다. 또한 이 책은 강력한 리더의 자격들을 독특한 조합으로 담아내고 있으면서도 읽기 쉽게 되어 있다. 내가 그랬던 것처럼 당신도 이 책을 즐겁게 읽을 수 있기 바란다.

스티브 챈들러의
서문

마이클 스캔츠의 '리더의 자격'을 읽으면, 독자들은 두 가지 극단적인 생각을 하게 될 것이다. 첫 번째는 '시대를 앞서 가는군.'이라는 생각과, 두 번째 '너무 늦은 게 아니면 좋을 텐데. 수년 전에 나왔어야 해.'라는 생각이다.

마이클 스캔츠는 이 세상에 길이 남을 아주 큰 기여를 했다. 그는 리더십에 관한 최고의 작품들을 소화한 다음 우리가 쉽게 읽을 수 있게 설명한다. 켄 윌버의 복잡하고 광대한 작품에서부터 랄프 왈도 에머슨의 불멸의 작품에 이르기까지, 조직을 의식적인 영역으로 끌어올리는 등 다른 리더십 책들에서 시도하지 않는 것들까지 다룬다.

이런 시도가 성공을 거두었다는 것이 흥미롭다. 더욱 재미있는 부분은 마이클이 리더십에 대한 의식적이고 영적인 접근을 매우 실용적으로 만들었다는 점이다. 그는 이를 아주 대담하고 우아한 방식으로 직장에 적용한다. 또한 개인의 이야기를 독자들이 삶에서 적용할 수 있도록 했다. 의식적인 리더십은 새로운 시대에 실제로 존재한다. 모든 위대한 리더들이 인류와 국가, 회사를 이끌었던 것과 똑같이 말이다.

이 책의 묘미는 수많은 출처에 있다. 모든 강력한 리더들이 새롭고 쉽게 이해할 수 있는 방식으로 등장한다. 그래서 우리는 그림의 전체상을 얻게 된다. 다양한 영적 교훈들을 책 한 권에 담아내려면 수십 년은 아니더라도 수년은 걸릴 것이다. 마이클은 자신의 취약성을 용기 있게 드러내면서, 리더와 영적인 지도자, 멘토들의 삶을 보여준다. 이런 개방성은 이 책이 독자에게 선사하는 최고의 선물이다. 또한 자신에게 영향을 준 아이디어 제공자들에게 공을 돌림으로써, 이 책을 더욱 값지게 만들었다. 그는 이 작품에 자신의 삶 전체를 담아냈다.

특히 유용한 것은 리더의 자격들인데, 매우 짧으면서도 다채롭고 강력하다는 점이다. 독자들이 리더로 완전히 탈바꿈할 수 있도록 정수를 보여준다. 또한 리더의 의식 수준을 다룬 마지막 장을 읽을 때는 당신의 수준이 어디에 있는지 알게 될 것이다. 그러나 이 책의 진정한 가치는 이 리더의 자격들을 실행함으로써 당신에게 변화가 일어나고, 다음 단계로 발전해 나간다는 점이다. 한 권의 책만으로 정말 그렇게 될 수 있을까? 읽고 직접 느껴 보기를 바란다.

1장

배려하는 리더
인간적인 리더

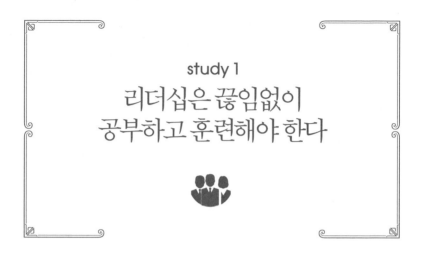

study 1
리더십은 끊임없이
공부하고 훈련해야 한다

사람들은 단순히 리더십을 행동하는 것이라고 인식하는 경향이 있다. 다른 사람을 이끄는 능력은 근사한 단어나 보유한 서적들, 또는 직위나 어떤 업종에 종사하는지에 따라 발휘되는 것이 아니다. 오히려 리더십은 현실적인 것으로 첨단적인 것과는 거리가 멀다. 리더십은 개인의 내면에 내제된 일종의 두려움으로, 이 두려움을 초월하여 믿는 방식대로 살아가는 것을 의미한다.

—스티브 파버(Steve Farber), '급진적인 도약'의 저자

위대한 리더십은 사물에 접근해 가는 과정을 말하는 것이 아니라 인간의 경험을 말한다. 또 리더십은 공식이나 프로그램이 아닌 다른 사람을 배려하는 마음에서 비롯되는 인간 활동이다.

—랜스 세크리탄(Lance Secretan), 작가

리더들은 진정한 리더십을 스타일이나 사용하는 말이 아니라 계속해서 자신을 다듬어나가는 과정으로 받아들인다. 그래서 유능한 리더들은 자신의 역할을 수행하려고 행동으로 옮긴다. 즉 이들에게 리더십은 명사가 아니라 동사인 것이다.

스티브 파버는 리더십을 가리켜 위험을 무릅쓰고 짜릿한 스릴을 즐기는 '고난도 스포츠'와 같다고 했다. 이는 근사한 표현일 뿐 아니라 아주 적절한 비유이다. 훌륭한 선수들은 하고자 하는 바를 마음속에 그리며 연습하고 또 연습한다. 이들은 궁극적으로, 완전히 몰입한 상태에서 경기를 하고 목표를 달성하려고 끊임없이 연습한다. 유능한 리더들도 운동선수처럼 리더십을 가르치고 향상시키기 위해 끊임없이 노력한다. 그러나 최근의 경영자들의 접근방식(목표관리, 품질, 구조조정, 틀을 벗어난 사고, 시장진입, 재무적 리엔지니어링, 혹은 창조적 회계, 조직재편, 공급망 관리 및 시스템 변화)을 보면 단기적인 목표에 초점을 맞춘 나머지 많은 새로운 문제들을 발생시킨다.

리더십은 실제적인 것이다. 그래서 리더들은 활력과 열정을 갖고 문제에 접근한다. 이들은 성공과 획득의 경계를 넘어, 사람들을 위해 기여하고, 더 크고 만족스러운 인생 경험을 하기 위해 활동한다. 강력한 리더십은 휴머니즘과 관련된 두 가지의 핵심요소 위에 구축되며, 또 평생 배워야 한다. 리더십은 공부하고 훈련해야 한다는 것을 기억해야 한다.

study 2
하인이 되어
이끌어야 한다

통제는 리더십이 아니다. 관리 또한 리더십이 아니다. 리더십은 그냥 리더십
일 뿐이다. 만약 당신이 '부하'라고 잘못 이름 붙여진 사람들을 위해 일한다는
사실을 모른다면, 리더십에 대해 아무것도 모르는 것이나 마찬가지이다. 단
지 폭정을 하고 있을 뿐이다.

―디 호크(Dee Hock), 비자(Visa)의 명예회장

만약 기업이 자신들의 잠재력을 발휘하고자 한다면, 더 많은 사람들을 찾아
내고 개발하고 장려해서, 다른 사람을 섬기는 정신으로 이끌 수 있도록 해야
한다. 기업은 리더가 없으면 급변하는 세상에 적응할 수 없다. 그렇다고 리더
에게 섬기는 정신이 없으면 폭정할 가능성만 높아진다.

―존 코터(John Kotter), 하버드 경영대학원

조직의 피라미드 구조는 궁극적으로 리더와 관련자들의 이익을 위해 고안되고 기능해 왔다. 이 피라미드를 거꾸로 하는 것, 즉 조직표의 위아래를 바꾸는 것이 리더십에 대한 새로운 접근방식이라고 할 수 있다.

거꾸로 된 피라미드는 고객이 정점에 있고, 직원들이 중앙에, 그리고 리더가 제일 밑 부분에 위치하는 방식이 될 것이다. 이 새로운 리더십 모델에서는, 리더는 말 그대로 조직 전체의 기초를 형성하고, 조직의 모든 것을 활용해 고객에게 최상의 서비스로 제공하도록 되어 있다.

리더가 고객을 섬기는 정신을 조직의 최고 목표나 기본이념으로 하면, 조직 전체에는 그 정신이 흐르게 된다. 그 결과 섬기는 정신은 리더로부터 직원을 거쳐 고객에게 전달된다.

이런 모델에서는 모든 사람들이 서로를 섬기고 받든다. 그리고 최선을 향하는 과정에서 모두에게 혜택이 돌아간다. 이렇게 유능한 리더는 모든 관련자들을 섬기면서 이끌어간다.

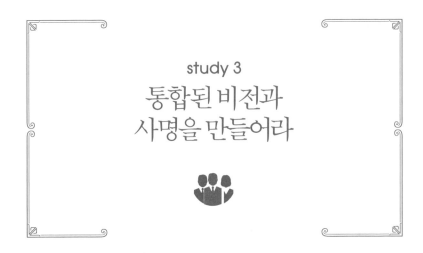

study 3
통합된 비전과
사명을 만들어라

나의 가장 중요한 업무는, 우리가 원하는 사람이 될 수 있도록 사람들에게 비전을 제시하는 동기 부여자가 되는 것이다. 그리고 그런 일이 정말로 일어나는 순간에 사는 듯한 그런 꿈을 꾼다.

—스티브 챈들러(Steve Chandler), '자기 자신에게 동기를 부여하는
100가지 방법'의 저자

나는 회사를 이끌어갈 원리들이 분명히 말해지고, 실천되고, 사원들이 사훈에 적혀 있는 대로 실천하려는 책임감을 갖는 그런 환경을 만들기 위해 많은 시간을 쓸 것이다.

—빌 라이온스(Bill Lyons), 아메리칸 센추리의 CEO

회사의 비전은 조직의 신념과 비즈니스 관계를 나타내고, 사명은 조직의 존재 이유를 말한다. 비전은 조직체가 무엇을 할 것인지 말해 주고, 사명은 당사자들의 신념과 동기, 공유하는 가치를 말한다.

비전과 사명은 조직의 전반적인 목적을 담고 있다. 더 이상적인 것은 조직의 문화와 방향을 정의해 준다는 점이다. 비전과 사명은 사원들이 직장에서 무엇을 해야 할지를 알려주고 또 이끌어간다.

비전은 조직이 제공하는 상품이나 서비스를 나타낸다. 또한 비전은 핵심 비즈니스와 비즈니스의 목적을 확인하고자 할 때 동의를 이끌어낸다. 사명은 조직이 왜 상품이나 서비스를 생산하는지, 그 목적과 이유를 말해 준다.

사명은 전략과 전술적 계획을 기반으로 조직이 발전하고 성장하는 방법을 모색할 수 있도록 촉진한다. 이는 또한 외부의 관련자들(가령 고객과 주주, 공급자들)에게 조직의 비즈니스를 알려주고, 노력을 통해 뛰어남과 성공을 동시에 이룰 수 있도록 해준다. 사명은 조직이 충족해야 할 조건에 대해서도 설명해 준다.

조직은 사원들의 육체적, 정신적, 정서적, 그리고 윤리적, 영적인 단계를 아우르는 비전과 사명을 만든다.

육체적 단계는 비즈니스를 위한 노력을 성취할 수 있도록 근간을 이루고, 정신적 단계는 의사결정과 목표를 분명히 하는 기초가 된다.

정서적 단계는 사원들에게 일의 의미와 자부심을 갖게 하며, 윤리적, 영적 단계는 조직과 리더, 사원들의 핵심가치 및 윤리와 일치하는 목표를 분명하게 해준다.

조직이 비전과 사명에 이런 측면들을 반영할 때, 리더와 사원은 깨어 있는 조직이 되기 위해 전체적인 청사진을 만들 수 있게 된다. 이는 목적과 신념, 가치가 새롭게 영적으로 응용될 수 있도록 반영될 것이다. 통합된 비전과 사명은 조직의 핵심목적과 가치가 반영되어 만들어진다. 잘 정의된 사명과 비전은 시간이 지남에 따라 회사의 문화로 정착하고, 성장에 초점을 맞출 수 있는 강력한 리더십의 기초가 된다.

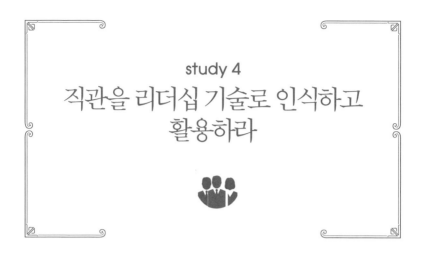

study 4

직관을 리더십 기술로 인식하고 활용하라

역경은 성격을 형성하는 것이 아니라 그것을 드러낸다.

—무명씨

리더는 개척자 역할을 하며 종종 미지의 세계를 향해 항해하기도 한다. 즉 리더는 지금까지 어떤 분야에서 선례나 연구결과, 활용할 수 있는 자료가 없는 상태에서도 결정을 내려야 한다. 그래서 새로운 첨단 제품이나 서비스를 만들어 새로운 시장에 진출할 때, 지금 내린 결정은 하나의 사례가 된다.

우리 대부분은 본능을 믿으라는 말을 들어봤을 것이다. 직관을 믿었을 때 우리는 종종 더 좋은 결과를 만들어낸다. 직관은 모호하지만 더 높은 지식의 형태를 띠고 가끔씩 나타난다.

직관은 무언가를 결정하는 순간에 매우 중요한 역할을 하는데, 유능한 리더들은 직관을 사용해서 지혜를 발휘한다. 어떤 리더들은 결과를 구체적이고 과학적으로 증명할 수 없다며 직관을 믿으려 하지 않는다. 그러나 유능하고 혁신적인 리더들은 직관에 대해 잘 알고 있을 뿐 아니라 자주 활용하기도 한다. 내면의 목소리는 일을 계속할 것인지 말 것인지를 결정하라고 말한다. 역사상 위대한 발명가나 예술가, 음악가들은 이런 내면의 목소리를 기꺼이 따랐다.

내면의 지식 세계로부터 도출되는 직관은 외부에도 그 출처가 있다.

영국의 물리학자인 루퍼트 셸드레이크(Rupert Sheldrake)는 우리 몸을 감싸고 있는 지식 혹은 직관의 에너지를 규명했다. 많은 리더들이 정보에 근거한 의사결정을 내릴 때도 주어진 정보와 함께 본능에 의존한다. 결국 열린 직관은 새로운 비즈니스 패러다임이 출현했을 때, 의사결정 과정에서 믿고 의지할 수 있는 하나의 방법이 된다.

조직 사상가인 켄 윌버(Ken Wilbur)는 명백한 혼란 상태에 빠져 있을 때, 높은 수준의 확신과 목적의식이 명령을 내린다고 한다. 그는 현재와 미래의 존재 방식을 관찰하여 장래를 예측하는 비전 전문가이다. 그는 인간의 지식이 진화함으로써 계속 확대된다는 비전을 채택한 '나선역학(Spiral Dynamics) 이론'의 창시자이기도 하다. 이 이론에 따르면 새로운 지식에 대한 우리들의 인식과 접근은 동시에 이루어 진다.

study 5
의사결정의 위험을
감수하라

기꺼이 위험을 감수하라. 물론 이렇게 말하기는 쉽지만, 비즈니스 세계에서 이를 행하기는 쉽지 않다. 그러나 위험은 자연스럽게 경험할 수 있는 것이며, 삶의 많은 부분에서 무의식적으로 받아들여진다. 대부분의 비즈니스 종사자들은 일이 쉽고 고통스럽지 않기를 원한다. 이들은 자신을 속이고 거짓말을 하는 셈이다.

—스티브 파버(Steve Farber)

실수하는데 보낸 삶은 영광스러울 뿐 아니라 아무것도 하지 않고 보낸 삶보다 훨씬 쓸모 있다.

—조지 버나드 쇼(George Bernard Shaw), 아일랜드 작가

리더들은 많은 변수가 포함된 복잡한 상황에서 의사결정을 내려야 한다. 종종 시작 단계일 때는 결정에 따르는 변수들이 불분명하고 범위도 넓을 수 있다. 그래서 미지의 것에 대해 감정적으로 반응하는 것은 자연스러운 일이다.

리더들은 불확실성이 나타날 때 편안한 영역에서 벗어난 것을 느낄 수 있다. 하지만 이 불확실성은 미지의 새로운 정보가 존재한다는 것을 알려주는 가장 좋은 신호가 될 수 있다. 유능한 리더는 위험에 대해 두려움으로 움츠러들거나 불편을 회피하기보다는, 의식의 변화나 학습이라는 다른 선택을 한다.

리더는 위험을 피하기보다 그것을 받아들여 불확실성을 이겨내고 변덕스러운 상황을 헤쳐 나간다. 두려움을 자신에게 유리하게 활용하는 리더는, 그 두려움을 학습의 원천으로 삼는다. 또한 새롭고 알려지지 않은 가능성이자 미지의 세계에 대한 기대로 받아들인다.

리더에게는 위험에 내포된 두려움을 수용하는 능력이 필요하다. 두려움을 기대로 받아들인다면, 의사결정 과정에서 도전을 위한 자극이 될 것이다.

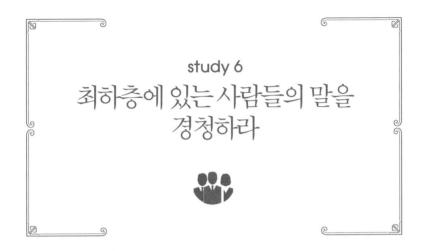

study 6
최하층에 있는 사람들의 말을 경청하라

리더는 모르는 것을 아는 척하지 말아야 하고 아래 사람에게 묻고 배우는 것을 부끄럽게 여기지 말아야 한다. 또한 최하층에 있는 사람들의 말을 경청해야 한다. 선생이 되기 전에 학생이 되어 보고 명령을 내리기 전에 가장 아래에 있는 사람들에게 배워야 한다.

—마오쩌둥

리더의 귀는 사람들의 목소리와 함께 울려야 한다.

—우드로 윌슨(Woodrow Wilson)

경험에 따르면 경청은 상호 간의 커뮤니케이션을 촉진한다. 또한 말하는 사람에게 이야기를 주의 깊게 듣고 있다는 느낌을 준다. 경청은 두 가지 측면에서 유용하다. 하나는 대화 내용을 분명히 해주고 또 하나는 상대가 제공하는 정보에 관심을 갖고 있다는 것을 알려준다. 정확하고 심도 있는 이해를 위해 경청해야 한다.

말하는 사람의 말이 끝났거나 쉬는 시간에 문제나 이의를 제기하고, 질문할 때는 다음과 같이 말할 수 있다.

"제가 들은 바로는 ＿＿＿＿ 라고 말씀하셨는데 ＿＿＿＿라는 의미인가요?" 혹은 "제가 옳게 들은 것이라면, ＿＿＿＿ 이렇게 표현하신 것이 맞나요?" 또는 "훌륭하네요. 제가 잘 이해한 건지 보시죠. 그러니까 ＿＿＿＿라고 저에게 말씀하신 걸로 생각되는데 정확한가요?"

빠르고 눈코 뜰 새 없이 변하는 비즈니스에서는 사람들이 온전히 집중해서 듣지 않는다. 어떤 사람들은 말하는 사람이 말을 마치기도 전에 어떻게 반응할지 미리 생각해 놓거나, 심지어는 중간에 끼어들어 대화를 끝나게 하는 경우도 있다.

이는 말하는 사람을 얕잡아보는 태도이며 정보의 흐름과 교환을 방해한다. 이런 상황에서는 말하는 사람의 독특한 견해를 공유하거나 이해하기 어렵다.

오늘날 비즈니스 세계에서는 이런 잘못된 듣기 때문에 기회가 사라지고 많은 오해와 실수들이 일어난다. 또한 잘못된 소통과 열의 없는 경청으로 인해 부실한 계획이나 비효율적인 서비스가 이루어진다. 팀워크를 해치거나 책임 있는 정보의 공유를 방해하기도 한다.

유능한 리더는 서로 결속되어 있는 것처럼 느끼도록 환경을 조성한다. 이런 환경에서는 도움이 되는 모든 행동은 환영을 받고, 진정한 관계를 형성할 수 있게 되고, 고객을 섬기며, 모든 사람이 서로를 격려하면서 기회를 즐기게 된다.

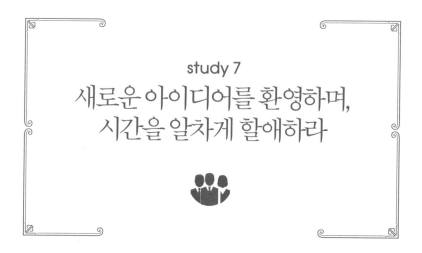

study 7
새로운 아이디어를 환영하며, 시간을 알차게 할애하라

내가 아는 성공한 사람들은 대부분 말하기보다는 더 많이 듣는 사람들이다.

—버나드 바루치(Bernard Baruch), 정치가, 제1,2차 세계대전 대통령 자문관

다른 사람의 말을 진정으로 경청하면서 동시에 다른 일을 할 수는 없다.

—스캇 펙(M. Scott Peck), '아직도 가야 할 길'의 저자

스티브 챈들러(Steve Chandler)는 '집중하는 지도자(the focused leader)'라는 워크숍에서, 사람들에게 충분한 시간과 온전한 관심을 기울이지 않을 때, 어떻게 비즈니스 관계가 붕괴되는지를 확인해 준다. 비즈니스 관계가 붕괴되면 결국 사람들은 서로의 가치를 깎아 내리게 된다. 다른 전화를 받거나 이메일이 도착해도 살짝 훑어보거나, 또는 미팅에 할당된 시간을 줄인다. 이는 '다른 일들이 당신보다 더 중요하다.'는 의도하지 않은 메시지를 보내게 된다. 적절한 배려와 존중을 다른 사람에게 보여주지 않으면 비즈니스 관계는 독이 된다.

조사결과에 따르면 65퍼센트의 응답자들이 직업 만족도는 상사와의 관계가 직접적으로 영향을 끼친다고 말한다. 리더가 팀 내의 직원들에게 전문가다운 배려와 적절한 존중을 하지 않을 때, 비즈니스에 미치는 악영향은 의외로 심각하다. 사람들이 잘 성장하지 않고 기술이 개선되지 않으며 리더에게 인정받지 못하는 상황이 되면 비즈니스는 붕괴된다. 또한 사람들도 자신에게 능력이 없다며 무기력해진다.

스티브 챈들러는 시간을 단축하기 위해 급히 대화를 마치면 부작용을 초래한다는 사실도 입증해 준다. 서두르면 비즈니스 관계는 망치게 된다. 비록 30분이라도 양질의 시간을 직원과 보내는 것이, 궁극적으로는 취약한 관계를 개선하고 회복하는데 드는 시간을 줄여준다는 것을 단적으로 보여준다.

유능한 리더는 사원들을 의식하고 인정해 주며 향상시켜, 사원들이 성장하고 기술을 배우도록 권장한다. 이런 리더들은 조직과 비즈니스, 고객과의 관계를 더 성공적으로 이끌기 위해, 활발하게 대화를 하며, 새로운 아이디어들이 환영받는 환경을 만든다.

활발하게 소통하는 리더는 유연하고, 새로운 아이디어를 환영하며, 시간을 알차게 할애하고, 진정한 관심으로 팀원과 고객의 말을 경청함으로써 훌륭한 본보기를 보여준다.

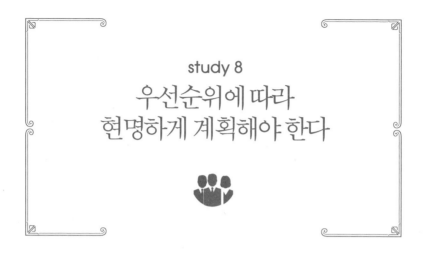

study 8
우선순위에 따라
현명하게 계획해야 한다

중요한 것은 일정에 나와 있는 것에 우선순위를 매기는 것이 아니라 우선순위 자체를 정하는 것이다.

—스티븐 코비(Stephen R. Covey)

이 기술은 '할 만한 가치가 있다면 잘해야 할 가치가 있다.' 그리고 '노력할 만한 가치가 있다면 거기에 적절한 시간과 노력을 할애할 가치가 있다.'는 격언과 관련이 있다. 비즈니스에서 마감은 그럴 만한 이유가 있다. 이는 행동을 하도록 하기 때문이다.

'시간의 함정'이라는 시간경영에 관한 고전에서는 좌뇌식 접근방법이, 시급한 문제와 '정말 중요한' 문제를 구분할 수 있게 해준다고 한다.

비즈니스 컨설턴트인 데이비드 알렌(David Allen)은 자신의 저서 '끝도 없는 일 깔끔하게 해치우기(Getting things done)'에서 우선순위를 정하는 것에 대해 자세히 설명한다. 그는 매우 정교하게 단계와 행동에 우선순위를 정할 수 있도록 해준다.

이 독특한 다층 구조의 우선순위를 정하는 방법은, 어떤 일에 등급을 매겨 '스케줄에 정신을 빼앗기지 않도록' 한다. 즉 우선순위를 재조정하고 스케줄을 변동할 게 아니라, 계획적이고 과감하게 하려는 일을 실행하라는 것이다. 사람들은 우선순위에 따라, 스스로 결정하면서 일을 하면 집중력과 명확성을 유지하고 일도 더 잘한다.

데이비드의 목적은 '높은 우선순위 및 지금 당장 해야 할 일'에서 '긴급하지 않음 및 나중에 할 일'로 이어지게 하는 연속성을 갖게 하려는 것이다. 그러나 통합 시스템에서는 설계된 범위 안에서 과제를 나눠야 한다. 리더의 임무는 이런 시스템하에서 직원들이 자유롭게 일하고 마음의 평화를 얻을 수 있게 하는 것이다. 과제에 대해 걱정하거나 우선순위가 정해지지 않은 일에 대해 생각하느라 에너지를 낭비하게 된다. 일의 우선순위를 정한 다음, 하나의 시스템 안에 통합하면 마음도 자유로워진다.

데이비드 알렌과 리더십 전문가들은, 사람들이 믿을 만한 체계에 의존하지 않고 일을 한다고 지적한다. 그래서 어떤 일을 할 것인지 계속해서 조정하고 과제들에 대해 우선순위를 매기느라 소중한 시간을 낭비한다. 사람들이 통합을 관장하는 우뇌식 접근방식을 선택할 때, 한 번에 하나씩 과제를 수행하고, 목표를 성취하는데 필요한 응용된 지식과 에너지를 사용할 수 있게 된다.

우뇌에 따른 우선순위를 정할 때, 리더와 부하 직원들은 한 번에 하나씩 과제를 수행하고, 우선순위가 높은 목표를 달성하기 위해 자원을 효과적으로 사용한다. 이런 포괄적인 접근방식은 리더와 부하 직원, 고객 모두에게 성공적인 결과를 안겨 준다.

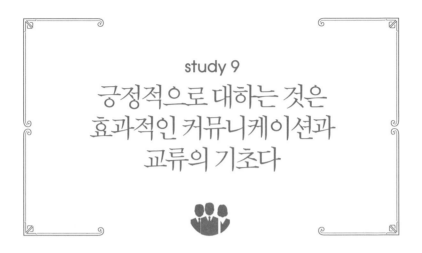

study 9
긍정적으로 대하는 것은 효과적인 커뮤니케이션과 교류의 기초다

사람을 있는 그대로 대하라. 그러면 상대방도 그렇게 할 것이다. 또한 사람을 마땅히 그렇게 되어야 하고, 될 수 있다는 가능성으로 대하라. 그러면 상대방은 그렇게 될 것이다.

―괴테, 독일 시인

심리학자이자 '잠재력 운동'의 공동설립자인 칼 로저스(Carl Rogers)는 자신의 저서를 통해 이렇게 말한다.

"사람을 긍정적으로 대하는 것은 효과적인 커뮤니케이션과 교류의 기초가 된다."

이렇게 하면 팀에 참여하는 사람들은 더욱 고무되고 함께 결속하고 서로의 공통점을 찾으려 한다. 긍정적으로 바라본다는 것은 의식적인 행위이다. '무조건' 긍정적으로 보라는 것은 모든 상황과 문제를 긍정적으로 생각하는 방식을 말한다. 이는 긍정적인 환경을 만들고 긍정적인 관계를 형성하고 긍정적인 결과를 가져온다.

사람들은 상대방이 자신을 긍정적으로 대해줄 때 이를 느끼고 감사하게 여기고 보답한다. 또한 사람들은 존중과 배려를 받게 되면 이를 직관을 통해 알아차린다. 리더가 부하 직원에 대해 진정으로 관심을 보여줄 때, 대부분의 부하 직원들도 똑같은 방식으로 대한다. 부하 직원을 긍정적으로 바라보면 회사 내에는 서로를 존중하는 분위기가 형성된다. 또한 긍정적인 관심은 자석처럼 주변 사람들을 더 많이 끌어들여 긍정적인 반응을 이끌어낸다. 이렇게 존중의 분위기가 형성되면 당연히 커뮤니케이션도 효과적으로 이루어진다.

리더는 부하 직원들과 더 많은 교류를 하기 위해 적극적으로 관심을 보여야 한다. 이렇게 하면 부하 직원뿐 아니라 고객들까지 리더에게 우호적으로 반응한다. 리더가 관심을 갖고 교류를 하려고 하면 부하 직원들은 자연스럽게 편안함을 느끼고, 자신을 높이 평가해 주고 긍정적으로 바라보는 리더와 기꺼이 자신의 아이디어를 나누려 할 것이다. 결국 자신의 가치가 인정되고 존중받을 때 열정적으로 대화에 임하고 일하게 된다.

시간이 지나면 이런 긍정적인 자세는 회사의 문화와 의사소통 방식의 필수적인 부분으로 자리를 잡게 될 것이다. 대화는 항상 서로를 배려하면서 이루어지고 상호존중은 의미 있는 결속을 이루어낼 것이다. 경험에 따르면 비즈니스 리더로서 효과적인 의사소통과 교류를 원한다면, 긍정적으로 바라보고 진정한 관심을 갖고 경청하는 것보다 더 좋은 것은 없다.

중요한 목표를
하나씩 이행하라

유능한 관리자는 중요한 일부터 우선적으로 처리하며 한 번에 한 가지씩 한다.

—피터 드러커(Peter Druker), 경영학의 창시자

중요한 일부터 먼저 하라는 옛 격언의 지혜를 나이가 들수록 점점 더 많이 깨
닫게 된다. 이는 복잡한 문제를 다루기 쉽도록 축소해 주는 기능을 한다.

—드와이트 아이젠하워(Dwight D. Eisenhower), 장군 및 대통령

　　내가 아는 유능한 리더들은 시급히 처리해야 할 일들을 여러 가지
로 쌓아놓고 밀어붙이지 않는다. 그렇게 하기보다는 여유를 갖고 꼼

꼼히 처리하는 것이 실제로 더 많은 일을 할 수 있다. 속도를 늦추고 일에 집중하라. 그러면 에너지의 흐름이 자연스러워져 과제 마무리에 집중할 수 있게 된다. 또한 유명 경영 컨설턴트들도, 주의를 여러 군데로 분산시키면 집중력을 잃게 되고, 스트레스와 혼란을 느껴 더 많은 에너지를 소모한다고 말한다.

연구에 따르면 여러 작업을 동시에 수행하면 더 많은 에너지를 사용하게 되어 효율적이지 않다고 한다. 한 번에 하나씩 처리하는 리더의 자격은 보기에는 단순해 보일지 모른다. 하지만 일주일에 하루 정도는 이런 방식으로 일을 해보라. 그런 다음 결과를 평소와 비교해보면 그 효과를 알 수 있을 것이다.

또한 일을 한꺼번에 처리하면, 하나씩 집중해서 마무리할 때와 같은 성취감을 느끼지 못한다. 그 대신에 여러 가지 일을 처리하느라 걱정을 하게 되어 스트레스를 높인다. 동시에 여러 작업을 처리하는 것은 보기에는 훌륭해 보이지만 실제로는 효과가 떨어지는 것이다. 사람들은 집중할 수 있고 방해되는 것들이 없을 때 더 많은 일을 할 수 있다. 감당할 수 있는 하나의 일을 마무리하는데 시간과 에너지를 온전히 사용한다면 계획대로 일을 완수할 수 있을 것이다. 그리고 무엇보다 하나의 일에 집중하면서 마무리했을 때 더 많은 보람을 느낄 수 있다.

오늘날처럼 새로운 기술이 쏟아지는 시대의 비즈니스 문화에서는 한 번에 하나의 과제를 처리하는 것이 어려울 수도 있다. 하지만 한 번 시도해 보기를 권한다. 긴장을 풀고 스트레스를 받지 않으면서 더 많은 일을 해냈는지 살펴보라. 지금처럼 빛의 속도로 진행되는 업무 환경에서 벗어나 보라. 그 대신에 생동감 있게 속도를 조절하고, 잘 정돈되고 체계화된 업무 흐름을 통해, 최선의 업무 흐름을 유지하는 환경으로 돌아가라.

study 11
걱정을
떨쳐버려라

걱정은 내일의 슬픔을 덜어내는 것이 아니라 오늘의 힘을 없앨 뿐이다.

—찰스 스퍼전(Charles H. Spurgeon), 19세기 신학자

　무언가에 압도당하는 느낌은, 단순히 외부의 자극이나 환경에 대해 반응하는 것만은 아니다. 이는 의식 속에 부정적으로 각인된 미래에 대한 환상이다. 사람들은 부정적인 생각으로 관심의 초점을 현재에서 미래로 이동시킨다. 그리고 재앙적인 상황을 상상할 때 압도당하는 느낌을 경험할 수 있다. 부정적인 생각은 미래에 발생할 사건을 통제할 수 없다고 느끼는 두려움에서 비롯된다. 그러나 관심을 현

재로 되돌리면, 현시점에서 취할 수 있는 행동을 통해 미래에 나타날 수 있는 결과에 긍정적인 영향을 끼칠 수 있다.

우리는 현재의 일에 초점을 맞추고 미래에 대한 생각을 자제함으로써 압도당하는 느낌을 피할 수 있다. 의식세계라는 관점에서 보면 미래는 현재에서 만들어진다. 내가 좋아하는 명언 중에는 '미래가 모든 걱정의 근원이다.'라는 표현이 있다. 우리의 마음이 올바른 궤도 안에서 유지되면 현재의 행동에 초점을 맞추게 되고, 이것은 확신을 주어 미래를 걱정하지 않게 된다.

마음이 방황할 때, 나는 '어떻게 이 모든 것을 계획대로 마칠 것인가?' 하고 묻는다. 미래가 걱정의 근원임을 알기에 내 마음에 있는 '미래'라는 혼란 상태를 가려내어 현재로 생각을 되돌리고 당장의 과제를 수행하려고 재빠르게 마음을 고쳐먹는 것이다.

사회학자나 심리학자들은 사람들이 끊임없이 행동하고 걱정하는 것이 거의 중독 상태에 이르렀다고 지적한다. 사람들이 매 순간 생산적이어야 한다고 하는 이런 강박적인 생각은 거의 범죄에 이르게 할 수도 있다고 한다. 끊임없는 행위는 존재 의식을 갉아먹는다. 스티브 챈들러(Steve Chandler)는 '가만히 있지 못하는 것은 마음이 가장 중요하게 여기는 것, 즉 주어진 순간에 집중하지 못하는 것이다.'라고 한다.

사람들은 자신에게 속도를 늦추도록 허락하여 걱정을 덜고 긍정적인 사고를 할 수 있다. 우리는 긍정적인 사고를 통해 여러 가지의 선택지들을 살펴보고 생각을 다듬어 다른 선택을 할 수 있다. 걱정은 중독성이 있다. 열린 리더는 사람들의 걱정을 없애주고 행동하도록 촉진하며 혁신적으로 사고할 수 있도록 돕는다.

리더들은 어떤 방법이 효과적인지 알아보기 위해 여러 가지로 실험해 볼 수도 있다. 내가 선호하는 방법은 이 과정을 '색인카드'에 적는 것이다. 이렇게 하면 카드의 내용을 보는 즉시 현재의 시간과 과제로 되돌아오게 된다.

나의 '무걱정' 색인카드에는 다음과 같이 적혀 있다.

목표를 분명히 정하기 => 집중하기 => 시간 계획하기 => 결과 성취하기 => 성공!!!

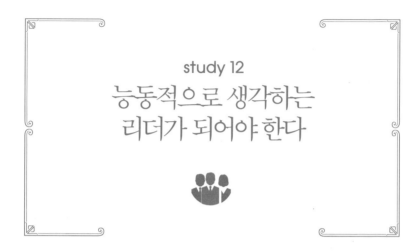

study 12
능동적으로 생각하는 리더가 되어야 한다

차이를 통해 순간을 가르치고 최고가 되어라. 역경을 이겨낼 때, 또는 성숙한 리더들이 있을 때 배움은 더 커진다. 유능한 리더들은 꼼꼼히 분석하여 선택지와 방향을 정하고 전략을 세운다.

—스티븐 코비(Stephen R. Covey) '성공하는 사람들의 7가지 습관'의 저자

다른 사람의 생각을 변화시키려고 한다면 멈춰라. 불가능한 일이다. 대신 그들이 활용할 수 있는 도구를 제공하여 서서히 다르게 생각하도록 유도하라.

—북민스터 풀러(Buckminster Fuller), 디자이너 겸 건축가

대부분의 리더들은 다른 사람들보다 더 많이 알아야 한다고 생각한다. 이들은 항상 자신을 따르는 사람보다 더 많이 알아야 한다고 믿는다. 이런 생각은 사람을 무기력하게 만들고 쓸모없게 만든다.

배운다는 것은 정보를 수집한다는 것을 의미하지 않는다. 나는 아메리칸 대학의 저명한 경제학과 교수인 허버트 스트라이너 박사에게 매우 유용한 학습 방법을 배웠다.

그는 다음과 같이 말하면서 잊을 수 없는 강의를 시작했다.

"나는 당신에게 경제학을 가르치려고 여기에 있는 게 아닙니다. 경제학에 대해 생각하는 방법을 가르치기 위해 이 자리에 있는 겁니다."

그는 정말로 우리에게 스스로 생각하도록 자극했고, 우리의 생각에 대해 사람들이 어떻게 생각하는지에 대해서도 개의치 말라고 했다. 당시에는 인식하지 못했지만 스트라이너 박사는 자신의 생각에 깊은 믿음을 가지라고 가르쳤던 것이다.

스트라이너 박사는 이런 농담을 하곤 했다.

"이 과정이 끝날 때쯤에는 당신들은 똑똑한 노트북 이상의 뭔가를 알게 되길 바랍니다."

그는 우리가 그저 기말시험 후 몇 시간이 지나면 다 잊어버릴 정보를 수집하기보다는 사고하는 기술을 배우고 활용하길 바랐던 것이다.

스트라이너 박사는 스스로 능동적으로 생각하는 것 외에, 자신에 대해 확신을 가지라고 격려하며 몸소 보여주었다. 또한 그는 위험을 기꺼이 감수했고 자신에 대해 깊은 확신을 갖고 있었다. 우리는 진정으로 그에게서 영감을 받았고, 가르침을 소중히 여기고 존중했다. 그는 진정한 교육자일 뿐 아니라 영감을 주는 리더이기도 했다.

스트라이너 박사는 미국 대통령 경제자문회의를 위해서도 일했으며 아메리칸 대학 경영대학원장을 지냈다. 그는 스스로 능동적으로 사고하는 교육의 본질을 구체화한 진정한 리더였다.

교육은 'educare'라는 말에 뿌리가 있는데 이 말에는 '뽑아내다'라는 의미가 담겨 있다. 스스로 능동적으로 생각하는 방법을 배운다는 것은, 자신에게 스스로 능력을 부여하는 것과 같다. 또한 이렇게 하는 과정에서 자신에 대한 확신을 갖게 된다. 배움을 통한 봉사는 교육에 대한 열린 접근방식이라고 할 수 있다.

조직 리더십에 관해, 짐 콜린스는 '좋은 기업을 넘어 위대한 기업으로'라는 자신의 명저를 통해 이렇게 말했다.

"향상을 위해 최상의 비즈니스 방식을 끊임없이 배우고 채택하고 다듬는 조직이 훌륭한 조직이다."

스스로 생각하게 하고 촉진하는 리더는 조직의 강력한 자원이다. 스스로 사고하도록 하고 이를 장려하는 것은 기업 문화로 반드시 정착해야 할 필수적인 사항이다.

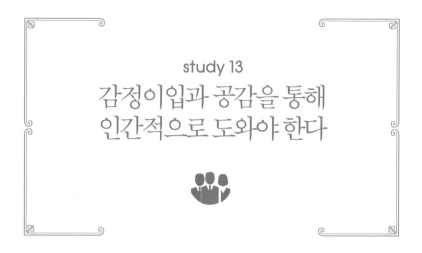

study 13
감정이입과 공감을 통해
인간적으로 도와야 한다

리더십은 높은 수준의 휴머니티가 요구된다. 훌륭한 리더가 되려면 부하 직원들과 공감할 필요가 있다.

—스티브 챈들러(Steve Chandler), '성공을 위한 10가지 약속'의 저자

　내가 들은 최고의 정의는 다음과 같다. '감정이입이란 다른 사람의 입장이 되어 그들의 이야기를 듣는 것이다.' 감정이입은 온전히 집중해서 다른 사람의 이야기를 듣는 것이며, 다른 사람의 문제에 대해 적당히 한계를 정해 두고 돕는 것이다. 그러면 그들은 힘을 얻어 문제를 둘러싼 어려움을 자신의 책임으로 돌리고 해결해낸다.

유능한 리더들은 온정적이지만 적당히 거리를 유지하면서 사람들을 돕는다. 감정이입과 공감을 통해 인간적으로 돕는 것이, 효과적으로 일을 진행하고 문제를 해결할 수 있도록 환경을 만든다. 이렇게 리더가 자신의 감정을 공감해 주는 분위기에서는 사람들이 더 많이, 그리고 더 빨리 배운다.

비즈니스 조직에서는 종종 직원들이 개인의 문제를 조직 내에 가져와 리더에게 흥미롭고 복잡한 도전을 던지기도 한다. 이럴 때도 리더는 부하 직원들과 고객, 그리고 모든 사람들에게 공감하려고 할 때 선의와 유쾌함이 충만한 환경이 만들어진다. 또한 어려운 문제를 극복했을 때 의미 있고 오래 지속 가능한 비즈니스 관계가 형성된다. 부하 직원을 돕는 환경에서 이해심과 선의, 거기에 성실한 노력이 뒤따를 때, 일상의 문제들은 해결되고 팀에는 강력한 결속력이 형성될 것이다.

그렇다고 사람들이 어려움을 겪을 때 무조건 감싸고돌라는 것은 아니다. 필요할 때 진정으로 공감해 주는 도움이 더 중요하다. 공감하는 리더는 영광을 공유하고 통합하며, 인간적 따뜻함을 가진 조직으로 만들어낸다.

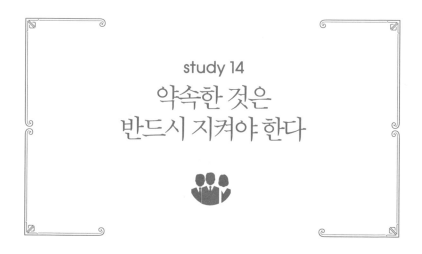

study 14
약속한 것은
반드시 지켜야 한다

약속을 지키지 않으면, 단지 가능성과 희망만이 있고 계획은 없는 것이다.

—피터 드러커(Peter Drucker), 경영학의 창시자

약속은 자신의 성실성과 믿음에 대한 척도이다.

—스티븐 코비(Stephen R. Covey), '성공하는 사람의 7가지 습관'의 저자

    다른 사람에게 했던 약속을 존중하는 것은 우리 자신에게 한 약속
도 존중하는 것이다. 삶의 과정을 존중하는 다른 많은 행동들처럼, 다
른 사람과의 약속을 지키는 것은 우리 자신과의 약속을 지키는 것과

같다. 이는 자기 자신을 존중하고 자기 자신을 믿는 것이다. 따라서 다른 사람들을 존중하는 것은 곧 자기 자신을 존중하는 것과 같다.

이렇게 하면 사람들은 약속했던 것들, 평가, 시간 스케줄, 프로젝트 완수를 엄수함으로써 신뢰를 보낸다. 리더가 실제로 약속을 지킨다면 사람들은 신뢰할 수 있다는 것을 알게 될 것이다. 고객들도 그런 조직이 업무처리를 잘할 것이라고 기대하게 된다. 약속을 지킨다는 것은 회사가 어떻게 일을 처리하는지 기준을 세워주고 또 유지시켜 준다.

약속의 이행에는 타협의 여지가 없다. 리더가 약속을 지키면 부하 직원이나 팀으로부터 신뢰와 존경을 받는다. 리더가 완벽히 약속을 지킨다면, 이는 업무에 참여하는 모든 사람들에게 하나의 모범이 된다.

약속을 지킨다는 것은 목표 관리의 근간이 된다. 그래서 약속을 완벽히 지킨다는 것은 리더십에 반드시 필요한 기술이고, 이는 실질적이고 진정한 리더십의 원천이 된다. 진정한 리더는 예외 없이 약속을 지킨다.

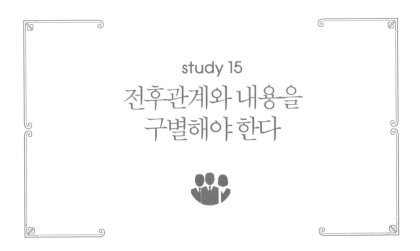

study 15
전후관계와 내용을
구별해야 한다

현재의 방식을 바꾸려면 사건의 전후관계에 주목해야 한다. 전후관계란 당신의 행동의 정도를 결정하고, 그 행동이 가져오는 결과의 범위를 결정하는 인간 환경이다.

—트레이시 고스(Tracy Goss), '변형 리더십'의 저자

완전한 리더십은 자신의 외부 세계와 내부 세계를 정신적, 감정적, 영적, 윤리적으로 고려하는 것이다.

—켄 윌버(Kenneth Wilber), '영혼의 눈'의 저자

좀 더 지혜로워지고 성숙하고 의식적으로 생각한다면 어떤 일에 대해 전후관계로부터 구별해서 평가할 수 있게 된다. 비즈니스 코치들은 어떤 행위나 행동을 자신의 생각이나 신념과 연관시켜 살펴보라고 가르친다.

데이비드 호킨스 박사는 자신의 저서 '권한 대 힘'에서 이렇게 말했다.

"높은 차원의 의식에서 볼 때 각각의 사건들은 독립적인 것이 아니라, 전후관계라는 더 큰 영역의 일부로 인식할 수 있다. 그래서 더 넓은 범위의 전후관계를 잘 활용한다는 것은 더 넓은 의미에서 사물을 바라볼 수 있게 해준다."

또한 그는 리더들로 하여금 더 넓은 관점에서 사물을 바라보고 현실을 좀 더 다채롭게 해석하라고 요구한다. 즉 전후관계를 고려하라는 것이다. 전후관계란 하나의 시점과 그 반대의 시점이라는 접근방식을 초월하여 둘을 결합시킨다. 이렇게 전후관계를 살펴보는 사고는, 어떤 사건에 대해 더 넓고 깊은 의미를 고려할 수 있게 해준다.

전후관계는 더 넓은 범위에서 사물을 바라볼 수 있게 해준다. 유능한 리더들은 독립적인 사건들에 대해 표면적으로 바라보지 않고 더 큰 전체의 일부로 파악한다. 모든 유사한 사건들이 똑같은 의미와 힘을 갖고 있지 않기 때문이다.

전후관계를 적용해서 판단할 때 우리는 더 많은 것을 배우고 경험할 수 있다. 리더들은 어떤 사건들이 종종 같은 결과를 가져오더라도, 그것을 평가하고 해석하고 통합하여 사건들이 의미하는 바를 이해하려고 한다. 원인과 결과의 단순한 관계를 뛰어넘는 것이다. 리더들은 융단의 전체 직물을 보지, 하나하나의 실을 뜯어보며 거기서 의미를 찾지 않는다.

2장

능동적으로
생각하는 리더

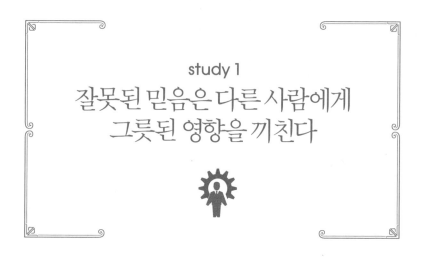

study 1

잘못된 믿음은 다른 사람에게
그릇된 영향을 끼친다

적절하지 않은 행동이나 부실한 성과에 대해 질책할 때, 다른 사람과 비교하
거나 판단하는 것에서 완전히 벗어나라. 오히려 그 대신 그 사람이 갖고 있는
가치나 자부심을 높일 수 있도록 돕고 소통해야 한다. 사람과 성과를 분리하
고, 그들에 대한 가치에 대해 소통하는 능력은, 우리에게 본질적인 가치가 있
다는 자연스러운 감각을 발현시킨다.

—스티븐 코비(Stephen R. Covey)

　사람들은 자기 자신에 대한 믿음을 제한하려는 생각을 갖고 있다.
이것은 자신감이 결여된 행동을 유발하는 원인이 되거나 아니면 그런 행동에 큰 영향을 미친다. 이런 생각들은 대부분 어렸을 때나 청소년기에 생겨나 깊이 뿌리를 내려 성인이 되어도 해소되지 않는다. 또 이런 생각들은 한 사람의 존재의 일부를 형성하고 있기 때문에, 자연스럽게 그렇게 느끼게 하며 세상을 바라보는 필터 작용을 한다. 그리고 미처 깨닫기도 전에 멈칫거리도록 지시를 내린다.

유능한 리더는 자신을 제한하는 잘못된 믿음의 존재를 깨닫고, 이를 성공적으로 다룰 줄 안다. 이들은 이런 잘못된 믿음들이 다른 사람에게 그릇된 영향을 끼칠 수 있다는 것을 알고 바로잡으려고 행동을 취한다. 이들은 다른 사람을 도와주는 조언자 역할을 함으로써 사람들의 잠재력을 일깨워준다.

유능한 리더는 사람들이 스스로 제한적인 행동을 하는 것을 구별해 낸다. 그리고 부하 직원이나 고객들이 그런 행동을 극복할 수 있도록 돕는다. 이를 알게 되면 사람들은 더 많은 책임감을 갖고 일에 전념하여 일을 성공적으로 해낸다.

나는 심리학적 연구와 경험을 통해, 자신을 제한하는 이런 믿음과 행동이, 어린 시절에 겪었던 놀랍거나 고통스런 경험에 대한 반응에서 비롯된다는 것을 알 수 있었다. 이런 믿음은 무의식적인 보호 본능과 안전에 대한 필요성 때문에 생겨난다. 그런데 성인이 되면 이런 잘못된 믿음은 지각 능력에 필터로 작용하여, 도전이나 어려움에 효과적으로 반응하지 못하도록 방해한다. 비즈니스 리더가 이런 잘못된 믿음을 갖고 있다면, 이는 성장이나 또는 위험에 과감히 도전하지 못하도록 방해하는 장애 요인이 된다.

훌륭한 리더는 최고의 조언자가 되어 사람들이 갖고 있는 현재의 한계를 초월하도록 요구하고 도전하게 한다. 또한 개인의 발전과 성장을 촉진한다. 종종 부하 직원이 다른 직원의 조언자가 되도록 성장시키기도 한다.

다른 직원들의 조언자가 되어 그들을 도와주면 그들은 좀 더 과감한 자신감을 갖게 된다. 리더는 대부분의 사람들이 드러나지 않은 감춰진 잠재력을 갖고 있다는 것을 잘 안다. 또한 사람들에게 동기를 부여하는 데 있어서 돕고 격려하는 것보다 더 효과적인 방법이 없다는 것을 잘 안다. 리더가 직원들의 능력을 인정해 주면, 이들은 위험을 감수하고, 이전에 깨닫거나 상상하지 못했던 수준에 도달할 정도로 자극을 받는다. 유능한 코치들은 스포츠 분야에서 이런 결과를 실제로 만들어낸다. 또한 이런 방식은 조직이나 비즈니스 관계에서도 매우 효과가 크다.

그렇다면 잘못된 신념이나 믿음을 바꾸려면 어떻게 해야 할까. 사람들에게 현재 있는 그대로의 모습을 보여주는 것이 가장 좋다. 사람들은 보통 다른 사람을 바라보는 방식대로 자신을 바라보지 못한다. 그래서 자신이 갖고 있는 잠재력이나 타고난 장점을 알아보지 못한다. 자기 안에 있는 비평가가 오랫동안 너무 활발히 활동해 왔기 때문에, 자신에 대한 생각은 부정적이고 해결되지 않은 문제들로 흐려져 있다. 리더는 이런 사람들을 효과적으로 지도함으로써 자신의 장점을 받아들일 수 있다. 이들은 점점 내면적으로 치유되고 변화해 갈 것이며, 이런 모습을 지켜본다는 것은 매우 즐거운 일이다. 결국 자신에 대한 나쁜 기억과 비판적인 생각, 그리고 자신에게 부과해 둔 한계를 극복하고 훌륭한 본모습을 되찾게 될 것이다.

사람에게 조언하고 돕는 것이 그들을 고치려고 하는 것보다 훨씬 더 효과적이다. 고친다는 것은 옳고 그름을 의미하며 자신을 억압하는 믿음을 지속시킨다. 사람들은 자신이 잘못되었다는 것을 느끼게 할 때 분개한다. 잘못된 양육처럼 비난과 판단, 비판은 개선을 위해 결코 바람직한 결과를 낳지 못한다.

리더에게는 배려와 존중, 보살핌으로 사람들을 대하는 문화를 만들어낼 기회가 무척 많이 주어진다. 이런 문화가 최고의 노력을 이끌어내는 강력한 수단이 될 수 있다. 사람들은 이런 비즈니스 환경에서 바쁘게 뛰어다니고 스스로 즐기며 일할 것이다. 스스로를 제한하는 행동들을 구분해 내서 그들의 본래 가치를 찾아주어라. 그런 후 그들과 비즈니스, 조직이 번성하는 것을 지켜보라.

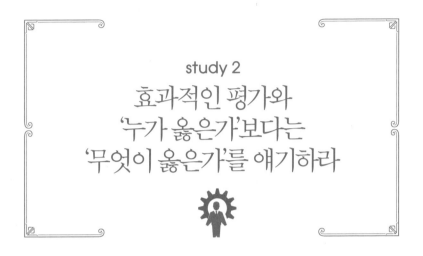

study 2
효과적인 평가와
'누가 옳은가'보다는
'무엇이 옳은가'를 얘기하라

어려운 것은 비판이 아니라 한 줄기 빛이 되는 것이며, 비평가가 되는 것이
아니라 모범을 보여주는 것이다.

—스티븐 코비(Stephen R. Covey)

    리더십의 필수요소는 효과적으로 평가를 하는 것이다. 평가는 친
밀감과 격려, 성장을 이끌어내는 솔직한 대화이다. 성과란 사람들이
다른 사람들과 팀 관계를 유지하면서, 자기 자신의 위치를 인식하는
반응이다. 그리고 리더는 이들에게 조직에 기여하도록 장려한다.

리더는 사람들의 성과를 평가하고 확인할 의무가 있다. 유능한 리더는 평가를 위해 사람들을 지원하면서 최상의 결과를 이끌어낸다. 그런 한편 한 사람에 대해 공정하게 평가하려고 최선을 다한다. 또한 유능한 리더는 누가 효과적으로 일하는지가 아닌 무엇이 효과적인지를 강조한다. 성공적인 평가 공식을 만들어내는 것은 훌륭한 리더임을 입증하는 하나의 방법이다. 따라서 평가 기술을 갈고 닦는 것은 리더에게 매우 중요하다.

효과적인 평가를 위해서는 행동이나 과정에 대한 정보를 제공해야 한다. 평가는 긍정적 강화나 방향 수정이 수반될 수도 있다. 만약 이것이 존중과 배려를 통해 이루어지는 도움이 되는 지침이라면 어느 쪽이든 가치가 있다. 또한 서로에게 도움을 주는 전문가적 환경에서 제공되는 평가는 강력한 학습 수단이 될 수도 있다. 잘 행해진 평가는, 개인의 가치를 인정하고 더 나은 결과를 이끌어낼 뿐 아니라, 더 효과적으로 역할을 수행하도록 하는 관심 어린 요청이기도 하다. 평가의 본질은 사람들을 고치려는 것이 아니라 격려의 신호를 보내는 것이다. 유능한 리더는 부하 직원의 성장을 위해 효과적인 평가를 하고 '누가 옳은가'보다는 '무엇이 옳은가'를 이야기한다.

다른 사람들과 생각이나 경험을 솔직하게 공유한다는 것은 상대가 어떻게 반응할지 예측하기 어렵기 때문에 어느 정도 용기가 필요하다. 긍정적 강화를 위한 평가는 사람들의 장점을 인정하고 강조하여 그들이 더 발전할 수 있도록 고무한다. 진로 수정을 위한 평가는 특정한 문제를 언급하여, 그들의 스스로를 제한하는 태도와 신념, 행동을 수정하도록 도와준다.

진정한 평가는 사람들이 조직과 비즈니스의 비전과 사명에 더 잘 맞춰 나갈 수 있도록 도와준다. 평가를 통해 사람들은 배우고 성장하며 기술을 발전시킬 수 있다. 또한 자신을 향상시킬 수 있는 분야가 어디인지를 깨달을 수 있다. 결국 평가는 비판이 아니라 다듬어 나가는 과정이다.

평가를 위한 논의가 "이봐요. 당신은 왜 ____를 예상했나요?"나 "왜 ____ 하지 않았어요?" 혹은 "당신이 ____한 것은 용납될 수 없소."로 시작하지 않는지 주의해야 한다. 이렇게 감정적 비난조로 시작하면 사람들이 자신도 모르게 방어적으로 변해, 어떤 가치 있는 내용을 말해도 귀 담아 듣지 않게 된다.

하지만 리더가 "같이 알아볼 소중한 정보가 있는데 얘기할 시간이 있어요?" 혹은 "당신에게 매우 유용한 평가를 해주려는데 들어보겠소?"라고 말을 꺼낸다면, 매우 생산적이고 자극을 유발하고 행동 지향적인 평가를 시작한 것이다.

어떤 감정적 비난도 하지 않는 평가는 개인이나 조직, 고객, 주주 모두를 유익하게 한다.

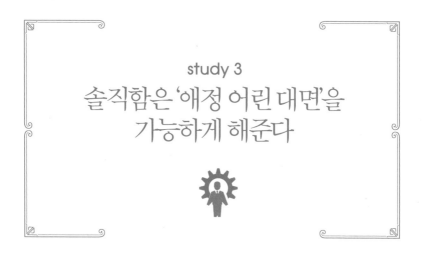

study 3

솔직함은 '애정 어린 대면'을 가능하게 해준다

사랑은 언제나 창조적이고 두려움은 언제나 파괴적이다.

—에머트 팍스(Emmert Fox), 철학자이자 신학자

    비즈니스 관계에서 리더가 진정으로 관심을 갖고 정보를 공유하려 할 때 놀라운 일이 벌어진다. 또한 솔직함은 '애정 어린 대면'을 가능하게 해준다. 솔직히 말하지 않으면서 문제를 방치해 두는 것은 아무에게도 도움이 되지 않는다. 진실이 감춰져 있을 때의 관계는 진정한 결속감도 없고, 진정성이 없으면 신뢰는 사라진다.

    하지만 사실대로 말한다는 것은 때때로 용기를 필요로 한다. 그러

나 해야 할 말을 공손하고 진실하게 한다는 것은 다른 사람을 존중하는 것이다. 솔직한 평가를 한다는 것은 문제를 알리고 문제를 가능할 때 해결하려는 것이다. '애정 어린 대면'은 사람들을 해롭게 하지 않으면서도 좋은 영향을 미칠 수 있다.

다른 사람과 대립한다면 냉담하고 무관심한 것으로 비춰질 것이다. '애정 어린 대면'은 사람들에게 문제를 다시 바라볼 수 있도록 하고, 사람들이 솔직하게 문제를 바라볼 수 있게 해준다. 또한 사람들을 진정성과 존중으로 대할 때 관계가 진전된다. '애정 어린 대면'은 사람들이 솔직하게 반응하고 결정할 수 있게 해준다.

솔직한 대화는 머리와 마음을 함께 사용할 때 이루어진다. 핵심은 무엇을 말하고 어떻게 전달하느냐이다. 리더가 경험을 진실하게 말하고 솔직함을 유지하면, 듣는 사람은 의미 있고 유용한 정보를 바탕으로 정확하고 효과적인 선택을 할 것이다. 그리고 '애정 어린 대면'은 호감이 가는 사람들에게만 적용하는 것이 아니다.

'애정 어린 대면'은 보통 다음과 같이 자상하고 존중하는 표현으로 시작할 수 있다. "아마도 이건 잘 모르셨을 것 같은데 의견을 좀 나눠도 될까요?" 혹은 "아마도 제가 기대하는 바를 분명히 설명하지 않은 듯하여 약간의 피드백이 필요해 보이는데 들어 보겠어요?"

대화는 애정 어린 관계 속에서 어떤 문제를 바로 잡으려는 것이다. 부드러운 접근방식은 사람들이 말과 행동으로 방어하기보다는 솔직하게 대화할 수 있도록 유도한다. 그리고 진심으로 솔직하게 반응하고 의식적으로 적절한 행동을 선택한다.

사람들은 대화와 관계 속에서 무엇이 중요하고 가치 있는지 무게를 재고 균형을 잡아 의식적으로 선택한다. 진정으로 관심을 받고 있다고 느껴질 때 사람들은 관계를 쌓고 조율하며 존중할 수 있게 된다. 사람들이 솔직함과 진정성이라는 테두리 안에서 결정을 내릴 수 있게 된다면 관계는 어려움을 뚫고 성숙해질 것이다.

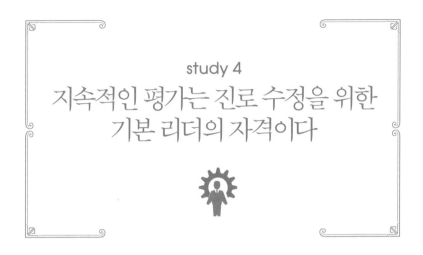

study 4
지속적인 평가는 진로 수정을 위한
기본 리더의 자격이다

나는 내가 갖고 있는 모든 뇌뿐만 아니라 빌릴 수 있는 모든 뇌를 활용한다.

—우드로 윌슨(Woodrow Wilson), 미국 대통령

유능한 리더는 계속해서 정보를 모으고 업데이트하며 다른 리더
들에게 평가를 받는다. 이들은 항공 관제사나 조종사들과 통신을 주
고받아 정보를 모으고 전반적인 상황을 판단하는 항공기의 조종사와
같다.

유능한 리더는 다른 사람들이 축적해 둔 아이디어에서 유용한 정
보를 얻어 활용한다. 이들은 종종 자유로운 문답식 질문을 던짐으로

써 다른 사람들에게 의미 있는 정보를 얻어 청사진을 그려 본다. 자유로운 문답식 질문의 예는 다음과 같다.

"어떻게 돼 가고 있어요?" 혹은 "어느 정도 진척되었죠?" 또는 "어떻게 하면 더 효율적으로 할 수 있을까요?"

또한 유능한 리더는 효과적인 평가를 해줌으로서 따르는 사람들에게 모범을 보여준다. 사람들도 리더의 이런 평가를 불편해하지 않는다. 이들은 평가 과정에서 서로 아이디어를 교환하면서 서로가 서로에게 기여를 한다. 긍정적인 평가는 협력하는 분위기를 만들고 커뮤니케이션을 효과적으로 진전시킨다.

짐 콜린스는 '좋은 회사에서 위대한 회사로'라는 저서에서, 적절한 커뮤니케이션이 조직 전체에 이루어져야 한다고 제안한다. 리더십에 관한 대가들은 이행과 지속적인 평가를 통해 계속 개선하고 향상시켜야 한다고 강조한다.

리더에게 있어 평가는 조직 전반에 걸쳐 창조적인 참여와 학습, 개선을 이끌어낼 수 있는 핵심 기술이다.

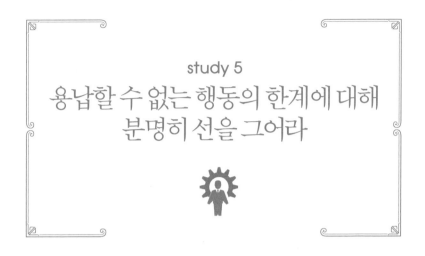

study 5
용납할 수 없는 행동의 한계에 대해 분명히 선을 그어라

무책임한 행동을 용서하거나 연민으로 봐 준다면 버릇없고 제멋대로인 행동을 조장하는 것이 될 수 있다. 그러나 그런 사람들을 아예 무시하거나 맹렬히 비난하면 그들은 개선을 시도조차 하지 않을 것이다.

―스티븐 코비(Stephen R. Covey)

리더의 자격 목적은 직원들에게 관심을 기울이고 이들을 육성하려는 데 있다. 진정한 리더는 이런 경우를 기회로 삼아 허용할 수 없는 행동의 한계에 대해 분명히 선을 긋는다. 침착하고 단호한 태도로 비즈니스 환경에서 용납하거나 묵인할 수 없는 행동의 선을 분명히 하는 것이다. 그런 후 사람들에게 자신의 행동에 책임을 지도록 한다. 이렇게 하면 사람들은 건설적으로 배우고 성장한다.

리더들은 이런 방법을 진로 수정의 기회로 활용한다. 이들은 모든 부하 직원들을 존중하며, 건설적이고 서로가 존중하는 비즈니스 환경을 만들어 유지해 나간다. 리더의 의도가 벌을 주기보다 가르치고 개선하는 것일 때 조직 전체에는 더욱 긍정적인 효과가 나타난다. 리더가 진정으로 부하 직원들을 도우려 하고 한편으로 개선을 요구하는 것이 성공적인 결과를 이끌어내 열쇠가 된다.

리더들은 모범을 보이고 더 높은 기준을 충족시키는 행동을 선택해야 한다. 리더가 부하 직원들을 애정을 갖고 도울 때 그들도 리더의 높은 기준에 따라 행동하도록 고무된다. 즉 리더가 진심 어린 모범을 보여줄 때 부하 직원들도 똑같이 반응하는 것이다.

study 6

먼저 이해하고 나서
이해시켜라

솔직히, 스스로 이해하기보다는 다른 사람이 이해해주기를 원하는 것이 사실이다.

—아시시(Assisi)의 성 프란시스의 기도

유능한 리더십의 대부분은 효과적인 커뮤니케이션과 관련이 있다. 이해하고 이해시키려는 것의 목적은 개인의 경험을 바탕으로 객관적이고 솔직한 대화를 원하는 것이다. 이해하고 이해시키는 데에는 두 가지 기술이 필요하다.

① 이해하기 위해서는 효과적으로 경청해야 한다.

② 이해시키기 위해서는 효과적으로 말해야 한다.

유능한 리더는 이해하기 위해 집중해서 듣고 자신의 생각을 표현할 때는 간결하게 말한다. 서로가 이해를 하기 위해서는 진실하고 존중하는 분위기에서 대화가 이루어져야 한다. 그리고 긍정적으로 말하는 것이 이해를 촉진시킨다. 부정적인 감정이나 말은 다른 사람의 에너지를 떨어뜨리고 대화를 왜곡시킨다. 대화의 목적은 이해를 촉진하기 위함이다.

이 기술은 간단하면서도 능력을 부여한다. 즉 긍정적인 분위기를 만들어 서로가 감정을 솔직히 표현하고 공유할 수 있게 만든다. 이때 유능한 리더들은 제대로 이해했는지 반드시 확인을 하며, 거의 무조건적으로 긍정적인 관점으로 바라보려고 한다.

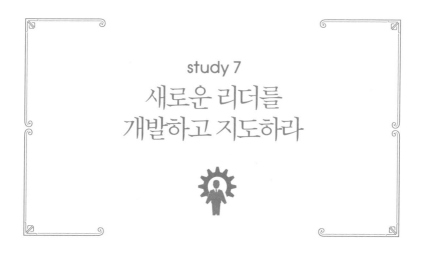

study 7
새로운 리더를
개발하고 지도하라

나는 당신의 운명이 어떻게 될지 모른다. 하지만 내가 아는 한 가지의 진실은 당신 중에 정말로 행복해질 사람은 봉사하는 방법을 찾아 알아낸 사람뿐이다.

—알버트 슈바이처(Albert Schweitzer) 박사, 인도주의 의사

　다른 리더를 지원하고 육성하는 비즈니스 문화를 발전시키는 리더들은 부하 직원과 조직의 성장을 촉진시킨다. 이런 환경에서는 높은 수준의 책임감과 권한위임, 긍정적인 대화, 목적의식, 그리고 성실성이 환영을 받고 장려된다. 그리고 회사 내에서의 지위보다 전문지식과 기술, 능력이 높이 평가를 받는다. 지위는 더 이상 권위와 가

치를 결정하는 핵심 요소가 아닌 것이다.

나다니엘 브랜든은 자신의 저서 '직장에서의 자긍심'에서 군대 조직은 다른 어떤 조직보다도 리더십 훈련이 중요하다는 것을 잘 알고 있다고 했다. 군대와 비즈니스 조직은 환경의 차이에도 불구하고 세 가지 공통적인 리더십의 자격을 갖고 있다.

그것은 ① 임무 완수, ② 일원에 대한 관심, ③ 새로운 리더의 개발이다. 이 중 새로운 리더의 개발은 리더십의 핵심이다.

기술의 발전이 사람들의 대화와 비즈니스 수행 방식을 바꿔 놓았다. 오늘날에는 지식 노동자들이 리더십 개발과 훈련을 제공하는 직장으로 몰려든다. 결국 리더 개발은 글로벌 시대에 뒤떨어지지 않기 위한 필수요소가 되었다.

다른 사람을 지도하는 것은 매우 보람 있는 일이다. 내 고객들 중에는 나의 조언을 받고 새로운 영감을 얻어 크게 도약한 사람들이 종종 있다. 이들은 새로운 활력을 얻고 새로운 가능성을 발견하며 새로운 선택을 한다. 이들 모두는 크게 기뻐하면서 재창조를 통해 자아가 신장되는 것을 경험한다. 이렇듯 나는 가능하면 항상 새로운 리더를 개발하고 조언하며, 그들로부터 배우는 기회를 얻기도 한다.

리더는 사람들에게서 최선을 이끌어낸다. 조언은 조직과 비즈니스 관계, 사회 전체에 이익을 준다. 또한 새로운 리더를 개발한다는 것은 높은 선을 실현하는 신나는 경험이기도 하다.

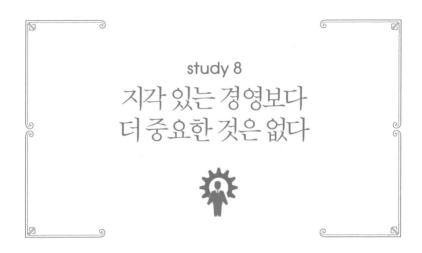

study 8
지각 있는 경영보다
더 중요한 것은 없다

조직을 지각 있는 인간 공동체로 발전시키는 것이 무엇을 의미하는지 깊이
이해한다는 것은 쉬운 일이 아니다.

—프레드 코프먼(Fred Kofman), '지각 있는 리더십'의 저자

대화는 문화 속에서 묻히며 90%의 대화는 무의식적으로 이루어진다.

—윌리엄 길로리(William Guillory), '지각 있는 리더십'의 저자

'지각 있는 리더십'이라는 저서에서 프레드 코프먼은, '우리가 깨어 있다면 주변을 인식하거나, 상황을 이해하며, 중요한 것을 더 잘 기억할 것이다. 또한 그것을 획득하기 위해 필요한 행동과 가능성들을 더 많이 계획할 수 있을 것이다. 깨어 있다는 것은 환경에 맞서 우리의 가치에 걸맞은 목표를 추구할 수 있도록 해준다.'고 지적했다.

기업문화는, 일반적으로 받아들여질 수 있는 신념으로 구성되고, 조직의 설립자와 리더의 핵심 가치를 선택한 것이다.

또한 지각 있는 문화는 그런 내재적인 가치들이 영적, 윤리적 사항들과 잘 조화를 이룬다. 그리고 문화로 정착된 신념은 모든 관련자들에게 더 좋은 선을 행하라고 가르친다.

대화와 문화는 불가분의 관계에 있다. 지각 있는 리더는 훌륭한 대화술의 소유자이며 성실과 공정성에 대한 뛰어난 센스를 갖고 있다. 그래서 원원의 결과를 가져오는 협상을 잘 수행해낸다. 이들은 조직에서 완벽한 수준의 책임감을 유지한다. 이렇듯 유능한 리더는 자신만의 확실한 세계를 구축하여 완숙한 통제력으로 비즈니스와 인생에서 원하는 것을 추구해나간다.

유능한 리더는 한 차원 앞선 지성과 감성, 윤리를 통합하여 모든 관련자들이 더 높은 선을 추구하도록 이끌어간다. 프레드 코프먼은 이런 리더십의 절묘한 조화를 '존재론적 겸양(ontological humility)'이라고 했다.

프레드 코프먼은 '사람이 이루어낸 뛰어난 성과 중에 지각 있는 경영보다 더 중요한 것은 없다.'고 했다. 문화적 조화와 결속은 지각 있는 문화의 특징이다. 유능한 리더는 사람들이 전문가로서, 그리고 지각 있는 개인이 능력의 꽃을 피우는데 도움이 되는 환경을 조성한다. 깨어 있는 기업 문화는 조직과 공동체의 관련자들을 위해 최고의 선을 지탱해준다.

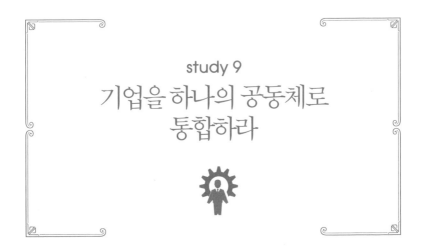

study 9
기업을 하나의 공동체로
통합하라

비즈니스는 숫자 게임이지만, 진정한 성취는 우정과 유용성, 도움, 배움 등과 같은 감성적 자산으로도 평가된다. 다르게 표현하자면 가장 기쁘게 죽는 사람이 이기는 것이다.

—데일 도튼(Dale Dauten), '기업구두쇠'의 칼럼니스트이자
'타고난 보스'와 훌륭한 직원들과 재능 있는 상사'의 저자

기업가는 돈과 거래를 두려워하지 않는 예술가다.

—스티브 챈들러(Steve Chandler), '부를 창출하는 100가지 방법'의 저자

비즈니스의 가장 중요한 영역은 변하지 않고 있다. 성공적인 비즈니스는 그 사회나 고객이 필요로 하는 것들을 제공한다. 어떤 회사가 뛰어난 서비스를 제공하고, 그 사회에서 의미 있는 유대감을 형성한다면 성공은 따라온다. 게다가 기업은 하나의 비즈니스 이상이 되고, 기업 공동체 안에는 또 다른 공동체가 자리 잡게 된다.

하나의 공동체로 기능하는 회사는 내부로부터 더 큰 공동체에 기여하려는 노력을 한다. 이렇게 구성된 조직은 하나의 목표를 향해 책임을 공유하고, 서로 학습하며, 경험을 공유하고, 권한이 위임된 공동체가 된다. 그리고 이런 공동체의 목적은 하나의 공동체가 다른 공동체를 떠받드는 것이다.

리더들은 오늘날처럼 매우 급변하는 시대에 개인들이 선호하는 것에 비즈니스의 초점을 맞춰야 한다. 가족 공동체나 자선단체 혹은 영적인 조직과 같은 문화적 가치를 가진 기업으로 만들 수 있는 것이다. 이들 단체들은 자신들이 섬기는 사람들을 보살펴 주고 존중한다. 이런 방식은 작은 사업체나 큰 조직체에서도 이루어져야 하며 사람을 다루는 근본원리는 보편적이기 때문이다. 고객은 개인적으로 관심을 갖고 있는 것에 대해 가치를 둔다.

깨어 있는 비즈니스 조직은 모두에게 진정한 의미를 가진 공통의 목표를 지원한다. 고객에 대한 관심은 조직의 기본 정신이다. 직원들은 '나'라는 환경에서 '우리'라는 환경으로 변화하는 데 책임감을 갖도록 권한이 주어진다. 직원들이 책임감을 공유하기로 동의하고, 팀으로서 조화가 이루어지면 개인은 조직적 차원에서 서비스를 창출하는 것에 관심의 초점을 맞춘다.

리더들이 회사를 하나의 공동체로 만들 때, 독특하고 창조적인 아이디어와 혁신적인 기술을 가진 개인들이 조직의 주요 자원이 된다. 문화적 자산은 21세기 비즈니스에서 경쟁력이 될 수밖에 없다. 이 현대적인 접근방식은 리처드 배럿(Richard Barrett)의 '기업 혼을 일깨워라(Liberating the Corporate Soul)'에 잘 나타나 있다. 그는 이 책에서 기업의 문화를 다듬고 발전시키는 방법에 관한 독창적인 이론들을 제시한다. 그는 비즈니스 문화와 실행을 권장하기 위한 평가 방법을 개발하기도 했다. 그는 자신이 운영하는 회사도 기업 문화를 다듬고 체제를 변화시킴으로써 고객에게 모범을 보여주었다.

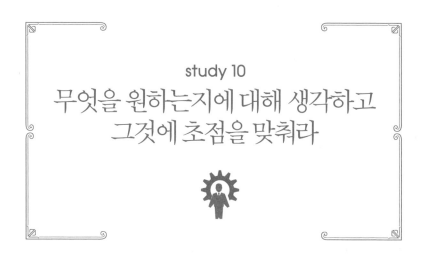

무엇을 원하는지에 대해 생각하고
그것에 초점을 맞춰라

미래를 예측하는 최선의 방법은 그것을 만들어 나가는 것이다.

—피터 드러커(Peter Drucker)

관심의 대상은 항상 그 자리에 있지 않고 언제나 성장한다. 중요한 것은 목표가 무엇인가가 아니라 그 목표가 무엇을 말하고 누구를 위한 것인가 하는 것이다. 이는 곧 사람들이 바라는 성공으로 가는 로드맵을 말한다. 리더는 안내서 없이 모르는 도시로 차를 몰고 가는 꿈을 꾸지 않는다. 지도 없이 성공을 추구하는 것 또한 부질없는 일이다. 이것은 목표를 위한 계획이 왜 중요한지를 말해 준다.

성공에 관해서는 수많은 저자들의 견해가 존재하는데, 그들은 모두, 우리가 무엇을 원하는지에 대해 생각하고 거기에 초점을 맞추라고 한다. 계획을 세우고 실행하기 위해 훈련(행동)하는 것보다 더 빠른 길은 없는 것이다.

지난 몇 년 동안, 나는 마음이 어떻게 뇌를 통제하는가에 대해 많은 것을 배웠다. 뇌는 단지 프로그램된 행동을 수행해낸다. 어떤 저자는 이것을 '만들어진 미래'라고 말하기도 했다. 뇌를 '바이오컴퓨터'라고 할 수 있다면 바로 이런 경우를 말하는 것이다.

사람들이 의식을 목표 지향적으로 바꿀 때, 성공은 합리적인 과정이 된다. 즉, 목표가 달성되면 결과는 불가피하게 따른다. 비즈니스에서 결과는 보상으로 따라오는 것이므로 성공과 결과는 나란히 오는 것이다.

이것은 왜 목표 설정부터 시작해야 하는지를 말해 준다. 리더가 현실적인 목표를 종이에 적으라고 할 때 사람들은 바이오컴퓨터를 프로그램하는 것과 같다. 그렇게 하면 사람들은 목표에 대해 생각하고 목표를 성취하기 위해 계획을 세운다. 계획이 세워졌을 때 필요한 것은 이를 실행하기 위한 반복된 훈련뿐이다. 그리고 각 행동단계를 밟을 때마다 원하는 목표에 점점 더 다가가게 된다. 이는 필연적인 행로이다. 이것은 왜 목표를 세우는 것이 성공을 위해 효과적이며, 리더가 계속해서 사람들로 하여금 목표를 가지라고 역설하는지 그 이유에 대한 답이 된다.

리더들은 당신이 성공할 가치가 있고, 목표와 계획, 반복된 훈련이 열매로 나타나 보상해 줄 것이라는 것을 잘 안다. 성공적인 결과보다 더 나은 보상은 없으며 성공 자체가 바로 보상이다.

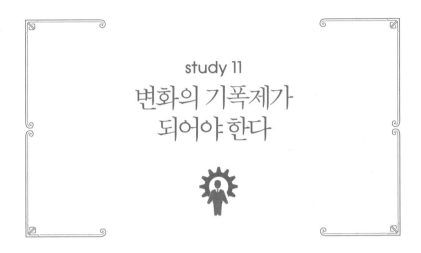

study 11
변화의 기폭제가
되어야 한다

변화가 인간의 개선을 위해 새로운 문을 열 때 그 변화는 긍정적으로 받아들여져 새로운 기회의 원천이 된다. 변화가 없다면 성장도 발전도 없고, 어떤 창조적인 도약이나 발견, 생산도 이루어지지 않는다. 변화는 흐르는 강물처럼 새로운 조직형태를 가져오지만 우리는 그것을 깨닫지 못하고 있다.

—프레드릭 허드슨(Frederick Hudson), '성년시절'의 작가

모든 조직은 미래에 살아남기 위해 지금 하는 일을 모두 버릴 준비가 되어 있어야 한다.

—피터 드러커(Peter Drucker)

유능한 리더는 변화를 인지하고 받아들이며 이를 대비해 경영한다. 이들은 어디서 어떻게, 환경 변화에 적응하고 또 그 변화를 조직 내에 퍼뜨릴지를 연구한다. 그리고 변화를 환영하고 조직의 발전을 가속화시킨다. 이들은 예상되는 변화 앞으로 나아간다.

몇 년 전에 참석했던 MIT 리더십 포럼에서 부동산 개발업자인 행크 스폴딩은 이렇게 말했다.

"이미 문제에 직면해 있는 것처럼 비즈니스를 다루지 않으면 곧 그렇게 될 것이다."

그가 이렇게 강하게 주장하자 청중들은 놀랐고 나는 그 말을 잊을 수가 없었다. 이 말의 의미는 리더들은 항상 깨어 있어야 하며, 경쟁하고 있는 시기와 시장상황, 새로운 상품이나 서비스의 출시, 기술 변화, 소비자의 선호와 수요의 변화를 알아차리기 위해 방심해서는 안 된다는 것이었다.

나의 첫 번째 코치인 할 로즈(Hal Rose)는 종종 '깨지지 않는다면 깨뜨려라.'고 말했다. 그는 사람들에게 안주하지 말 것과 비즈니스 환경을 꾸준히 재정의하고 내부의 비즈니스 관행을 변화에 맞추라고 권고했다. 그는 대부분의 사람들이 변화를 두려워하는 것을 직관적으로 알고 있었다. 그래서 그 두려움을 극복할 수 있는 유일한 방법은 변화를 조직 내의 기준으로 삼거나 현상으로 유지하는 것이라고 생각했다. 결국 핵심은 '변화하지 않으면 변화 당한다.'는 것이다.

스티븐 챈들러는 '자신 있는 리더는 변화에 대해 사과하지 않는다.'라고 했다. 변화에 저항하는 리더는 직원들의 낙담과 사기를 떨어뜨릴 수 있다. 변화는 불가피한 것이다. 변화를 통해 새로운 에너지를 갖고 새로운 방식으로 새로운 것을 만들어 낼 수 있는 것이다. 이는 똑같은 것의 단조로움에서 우리를 일깨워 주기도 한다. 변화를 받아들인다는 것은 곧 위험을 감수한다는 것이기도 하다.

변화가 어떻게 인식되는지는 매우 중요하다. 유능한 리더는 변화의 기폭제가 되고 변화를 지지한다. 이들은 꾸준히 변화에 적응하고 수정해가며 새롭게 창조하고 더 높은 수준의 혁신과 생산성에 이르는 조직을 만든다. 조직이 최적의 상황을 유지하고, 또 그 속에서 최고의 성과를 낼 수 있도록 계획하고 이끌어 간다.

변화가 의도적이고 솔선해서 일어날 때, 이 변화는 긍정적이며 높은 동기부여가 된다. 실제로 리더는 위로 향하는 것을 선호하고 위기를 관리하면서 조직을 앞으로 이끌어나간다.

의도적 변화를 받아들이는 리더는, 변화에 역동적으로 적응하고, 깨어 있는 조직으로 운영하는 것이 이상적인 방식이라고 인식한다.

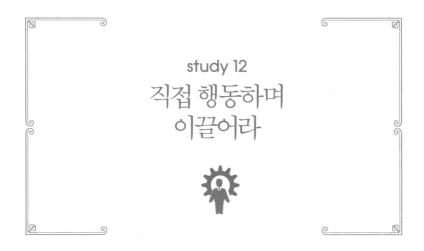

study 12
직접 행동하며
이끌어라

비전을 가진 회사의 진보를 위한 욕구는, 탐험하고 창조하고 변화하고 개선하려는 인간의 충동에서 일어난다. 이는 내면 깊숙이 자리한 거의 원초적인 욕구이다.

—제임스 콜린스(James C. Collins)와 제리 포러스(Jerry I. Pomus),
'지속하기 위한 구축'의 공저자

　직접 행동하며 조직을 이끌어가는 것은 가장 오래 지속시킬 수 있는 동기부여 기술이다. 특히 중소 규모의 기업을 이끌어가는 유능한 리더는 기꺼이 해낼 수 있는 과제를 수행하도록 요구한다. 행동하는 것은 사람들을 참여시키는 리더십의 기원이라고 할 수 있다.

직접 행동하며 이끌어간다는 것은 진정한 팀워크의 핵심이기도 하다. 행동을 한다는 것은 리더와 팀에 자부심과 활력을 높여 준다. 또한 팀워크는 일체감과 재미를 더해 준다. 비록 리더는 팀과 프로젝트의 주인공으로 인식될 수 있지만, 동시에 팀의 필수적인 구성원이기도 하다. 결국 이들은 팀의 기능적 일원으로서 함께 원하는 결과를 공동으로 만들어낸다.

이런 리더십 기술은 리더를 부하 직원들과 결속시켜주며 '우리와 그들'이라는 개념을 효과적으로 제거해 버린다. 또한 이런 리더십의 방식은 통제나 위계적인 경영방식에 대한 강력한 해독제 역할도 한다. 직접 행동하며 이끌어가는 것은 위계적인 권력구조나 통제에 대한 모든 선입관을 중화시켜 준다.

유능한 리더는 충실한 조력자로, 또는 팀의 일원으로 기능한다. 즉 유능한 리더는 최고의 감독관이 아닌 활동적인 참여자인 것이다.

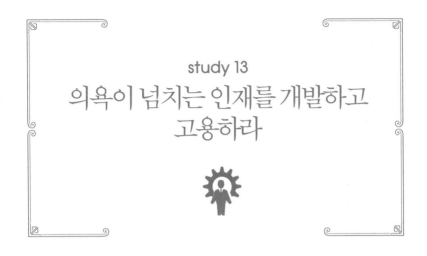

study 13
의욕이 넘치는 인재를 개발하고 고용하라

많은 사람들 중에는 리더십이 개발될 잠재력을 가진 사람들이 많다.

—허버트 후버(Herbert Hoover)

나는 나보다 더 똑똑한 사람을 고용해 그들의 방해가 되지 않으려고 노력한다.

—리 아이아코카(Lee Iacocca)

　면접은 예술의 형식이라고 할 수 있다. 리더는 사람을 진정으로 알고자 할 때 인터뷰를 실시한다. 많은 후보자들이 일을 수행할 기술과 경험을 갖고 있겠지만, 리더가 조직에 '부합'하는 사람을 뽑으려고 할 때는 그들이 보여주는 것 이상을 바라볼 수 있어야 한다.

유능한 면접관은 열린 자유 문답식의 질문을 던진다. 이 기술은 후보자들이 편안하게 자신을 더 많이 표현할 수 있도록 기회를 제공한다. 또한 이런 질문 기술은 흥미를 끌고 영감을 주며 문제에 대해 토론하면서 면접을 즐길 수 있게 한다.

자유 문답식의 질문은 취미나 관심사에 대해 말할 수 있도록 한다. 면접 후보자가 사회 봉사활동에 관심을 갖고 있다면, 이 사람은 다른 사람을 위해 헌신적인 서비스를 제공하는 것을 즐길 것이다.

첫 질문을 던진 후 리더들은 종종 "좀 더 말해 주겠어요?"라거나 "더 듣고 싶은데요." 혹은 "좀 더 자세히 말해 주세요."라고 요청할 수 있다. 이런 질문 방식을 레이어링(layering)이라고 한다. 면접관은 이 과정을 통해 후보자의 축소된 인생 이야기를 들으면서, 이들의 전문가적 자질이나 개인적으로 추구하는 것, 또는 내면의 가치를 알아볼 수 있다.

이런 질문 후에는 과학적인 국면으로 넘어가서, 조직에 대한 후보자의 관심사와 동기에 대해 물어볼 수 있다. 이들의 대답이 급여나 직무 내용에만 그친다면 적합한 고용 대상이 아닐 수 있다.

후보자들이 조직의 배경이나 사명에 대해 알려고 하거나, 기업문화에 흥미를 보인다면 새로운 대화로 나아갈 수 있다.

이렇게 해서 리더들은 일하려는 동기가 부여되어 있고, 경험과 책임감을 갖고 있으며, 조직의 비전과 사명을 위해 팀에 기꺼이 기여하고자 하는 사람을 찾아낸다.

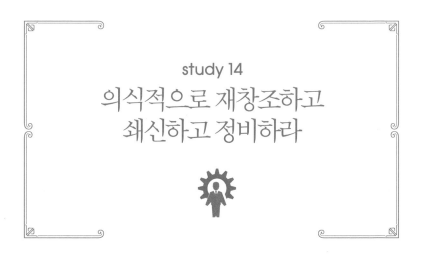

study 14
의식적으로 재창조하고
쇄신하고 정비하라

재창조 => 과정, 시스템

쇄신 => 사람

정비 => 문화, 신념, 가치

    나는 이 리더의 자격을 도표에 세 부분으로 나누어 사람과 시스템, 신념이 복잡하게 연관되어 있지만, 서로 구별되는 뚜렷한 요소를 갖고 있다는 것을 보여주려고 한다. 시스템과 과정은 무생물이고 사람은 살아 있는 역동적인 존재이다. 문화와 신념, 가치는 실재하는 것으로 무의식적이며 역동적이다.

    재창조는 과정과 시스템이 계속 점진적으로 개선되는 과정이다. 나는 이것을 조직 내에 있는 내적 욕구라고 한다.

리더들은 생산성을 개선하기 위해 자원을 재배분하는 효율성 모델을 활용한다. 효과적인 시스템과 과정은 리더가 변화를 주도하여 조직이 기업으로 진화하고 번영하도록 한다. 이런 시스템과 과정에 의해 조직은 힘차게 성장해가는 안정적인 조직으로 변한다.

쇄신은 사람들을 충전하고 재충전시키는 방식이다. 짐 로허(Jim Loehr)와 토니 슈워츠(Tony Schwartz)는 '몸과 영혼의 에너지 발전소'에서 쇄신에 대해 이렇게 말한다.

쇄신은 사람이 ①신체적, ②정신적, ③정서적, ④영적 수준에서 균형을 맞추는 것을 의미한다. 유능한 사람은 인생에서 이 네 가지 수준에서 조화를 이룬 사람이다. 리더는 사람들이 주기적으로 쇄신에 온전히 전념할 수 있도록 하는 환경을 만들어준다.

정비는 비전과 임무를 재점검하는 데서 비롯된다. 이것은 사람들이 '누구를 위해 일하는가, 이 작업을 하는 의미는 무엇인가, 어떻게 이 작업을 잘해 내고 충족감을 얻을 수 있을 것인가, 어떻게 완벽한 조직이 될 것인가'에 대해 스스로 묻도록 한다. 이에 대한 사람들의 대답이 고객과 사회, 산업과 세상을 밝혀주는 횃불의 역할을 한다.

이 세 과정과 함께 내부로부터의 쇄신이 이루어진다. 리더는 이 세 과정을 활용하고 지원하는 자연스러운 흐름을 따라, 스스로 적응하고 개선하면서 조직을 확장해 나간다.

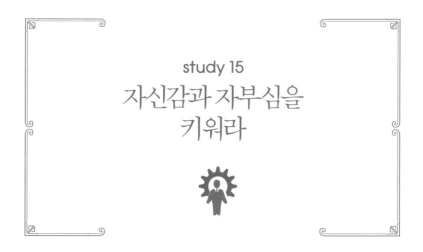

study 15

자신감과 자부심을
키워라

탁월한 리더는 직원들의 자부심을 높여 준다. 사람이 자기 자신을 믿을 때 이루어내는 것들을 본다면 놀라울 것이다.

—샘 월튼(Sam Walton), 월마트의 창시자

리더는 부하 직원들에게 강력한 영향을 미치며 그들의 잠재력에도 큰 영향을 미친다. 스티븐 코비(Stephen R. Covey)는 저서 '리더의 자격 중심의 리더십'에서 리더들이 사람들을 위해 평가를 해주고, 긍정적으로 대해 줌으로써 자부심을 가질 수 있도록 도우라고 강조한다. 또한 '부적절한 행동이나 부족한 성과가 마음에 안 들어도 비교하거나 비난하지 말고, 대화를 통해 내면의 가치와 자부심을 심어주어야 한다. 그 결과 사람들은 성과를 올리고자 하는 의욕을 갖게 된다.'고 강조한다.

탁월한 리더는 직원들에게 진정으로 관심을 표현한다. 그리고 존중을 문화의 일부분이 되도록 한다. 리더는 주변 사람들에게 새로운 가능성을 열어주고 그들이 현재 갖고 있는 잠재력에 대해 말해 준다. 그리고 리더가 일깨워준 잠재력을 믿는 원동력은 자기 존중에 있다.

성공만큼 자부심을 길러줄 수 있는 것은 없다. 성공은 종종 리더가 보상해 줄 것이라는 인식 그 자체일 수 있다. 스티브 챈들러(Steve Chandler)는 "당신이 보상해 주는 만큼 그대로 돌려받는다."고 말한다. 리더가 성공에 대해 보상해 주면 사람들의 자신감은 치솟는다.

보상이 성공을 끌어오고 성취하게 만들므로 사람들은 보상을 받을 때 존중받는다고 느낀다. 성공과 성취는 같이 오는 것이며, 조직 내에서 서로 전염된다. 성공을 강조하는 리더는 동기가 부여된 자신감에 차 있는 직원을 만든다. 성공은 팀의 자신감과 직원들의 자부심이 높아지기 때문에 그 자체로 보상이 된다.

성공의 혜택을 입은 리더는 직원들의 집단적 노력을 높이 평가한다. 그들의 노력과 가치를 긍정적으로 확인해 주는 것은 집단의 성공에 대한 보상이 될 수 있다. 이런 상항은 리더와 직원 모두에 원원 효과를 가져온다. 성공을 환영하고 보상하는 환경에서 사람들은 성공을 즐길 뿐 아니라, 개인과 회사의 문화에 대한 의미를 발견할 수 있게 해준다.

3장

통찰력 있는
새로운 리더,
변화하는 리더

study 1
신뢰의 문화를
만들어라

위대한 경영자, 즉 위대한 리더는 '직원'들에게 신뢰와 존경을 받는다. 리더를 신뢰하고 존경하지 않으면, 이들은 리더가 세운 목표를 이루기 위해 최소한의 노력 이상을 하지 않는다.

—프레드 코프먼(Fred Kofman)

성공적인 비즈니스 문화의 핵심은 신뢰의 문화를 형성하는 것이다. 리더만큼 조직의 분위기에 영향을 미치는 사람은 없다. 리더는 직접 행동으로 이끌면서 직원들에게 영감을 주어야 한다. 상호 신뢰는 리더가 진정한 권력의 중심으로 기능할 때 구축된다. 유능한 리더는 상호 신뢰의 문화를 조성하고, 사람들이 의식적인 자아로써 직장에서 창조적이고 위험을 감수하며 혁신하는 것을 환영하고 격려해야 한다. 이런 비즈니스 환경에서는 사람과 상품, 서비스, 공정이 개선되고 번창한다.

신뢰의 문화는 자신을 표현하도록 도와주고, 조직을 개선하고 정비해 나가는 기초가 된다. 직원들에게 공개석상에서 자신의 아이디어를 자유롭게 표현할 수 있게 하면, 리더는 이들의 의견을 전략적 대상으로 하여 여러 가지 선택지와 가능성들을 고려할 수 있게 된다. 이런 팀은 많은 사람들이 모여 전략적 문제를 놓고 솔직하게 토론한다. 이렇게 직원들의 참여를 이끌어내면, 비즈니스 습관은 총체적인 목적과 일상적인 과정으로 자리를 잡는다.

신뢰가 존재하면 정보는 조직 전반에 걸쳐 공유되고 개인은 혁신에 대한 책임과 권한을 부여받게 된다. 또한 조직에 신뢰가 자리를 잡으면 개인의 창의성을 기대할 수 있고 장려된다. 조직 전체가 신뢰를 바탕으로 최적의 비즈니스 관행을 만드는데 참여하게 되는 것이다. 리더는 신뢰의 문화를 통해 정보와 대화가 자유롭게 흐르고, 사람들이 일하고 싶어 하며, 팀이 보유한 귀중한 자원을 공유할 수 있게 된다.

study 2
열정과 비전을
가져야 한다

어떤 훌륭함도 열의 없이 탄생하는 것은 없다.

—랄프 왈도 에머슨(Ralph Waldo Emerson)

영감(inspiration)이라는 말은 라틴어의 어근 in spirito에서 왔는데 '정신의'라는 뜻이다. 열의(enthusiasm)는 '신으로부터'라는 의미의 그리스어 어근 entheos에서 왔다. 초기 문명사회에서는 앞서가는 비전을 형성함에 있어서 높은 존재의 인도가 중요한 역할을 했다.

리더는 강력한 비전을 만들어내고 사람들로 하여금 비전을 공유하게 하는 전달자로서 역할을 한다. 리더의 열정은 비전을 만들고 이 열정은 다른 사람들을 열의로 끌어들인다. 훌륭한 조직을 만드는 리더들이 어찌 신나고 열의에 차 있지 않겠는가?

유행어를 쓰자면 이런 조직은 실력이 시험대에 오르는 장이다. 경영자들은 종종 조직의 지위를 승계받기 때문에, 현재 그대로의 기능이 유지되어야 한다는 편견을 갖기 쉽다. 이런 접근방식에는 어떤 비전이나 영감도 있을 수 없다. 개인이 각자의 역할을 만들어내고 그걸 확대해 나가지 못한다면, 주인의식이나 열의를 가질 수 없다. 열의에 찬 주인의식이 없다면 기회는 없고 새로운 비전도 없다.

열의와 영감으로 이끌면 조직이 스스로 발전하는 환경이 내부에 형성된다. 이들의 비전과 사명 설명서는 분명하지 않은 막연한 철학이 쓰인 문서에서, 역동적이고 창조적인 살아 있는 과정이 된다. 조직의 전략은, 사람들이 뛰어난 서비스와 상품을 생산하도록 영감을 주는 자극제가 된다. 그리고 열의가 있을 때 개인은 깊이 생각할 수 있는 동기를 갖게 된다. 모든 훌륭한 아이디어는 영감을 얻는 사고에서 비롯된다.

열의는 자석처럼 전염성이 있다. 그러면 직원들은 신이 나서 훌륭한 것을 고안하고 만들어내는 조직에 참여하려고 한다. 일에서 만족과 자부심을 얻을 수 있다. 이들이 필요로 하는 총체적인 의미가 충족되는 것이다. 이런 조직에서는 성공 자체가 열의를 만들어내는 생성기와 같다.

강력한 비전을 가진 리더는 그 열정을 퍼뜨릴 기회도 풍부하게 마련된다. 열의를 가진 리더는 사람들에게 비전을 공유하고 열의를 받아들여 그 비전이 앞으로 나아가도록 장려한다.

study 3
비전과 잠재력의
긍정적 측면

우리 주변이 항상 어떤 결정이나 변수의 부정적인 측면들로 가득 차 있기 때문에, 비관적 견해를 갖는 것은 리더가 저지를 수 있는 가장 기본적인 실수이다.

—스티브 챈들러(Steve Chandler)

리더는 항상 긍정적인 면을 보고 성공을 위해 앞으로 나아간다. 이들은 조직의 가까운 미래가 자신의 전망에 달려 있다는 것을 안다. 유능한 리더는 부정적인 면을 줄이고 항상 긍정적인 면에 초점을 맞춘다. 리더는 끊임없이 긍정적인 면에 집중해야 한다.

긍정적인 면을 보지 않고 부정적인 면을 시험해 보는 것은 잘못된 시각이다. 분명 리더는 긍정적인 면을 보기로 결정했을 때 용기를 발휘하고 모험을 할 수 있게 된다. 모험이 없는 성공전략은 있을 수 없고 모험 뒤에는 보상이 따른다.

스티브 챈들러(Steve Chandler)는 진정한 리더십에 관해 다음과 같이 말했다.

"긍정적인 리더는 모든 상황의 부정적인 면을 잘 인지한 다음, 자신의 생각을 대부분 긍정적인 면에 집중시킨다. 대화도 대부분 긍정적인 면에 초점을 맞춘다. 또한 리더는 부정적인 면은 항상 잘 알려지지만 긍정적인 면은 그렇게 잘 인식되지 않는다는 것을 안다. 어느 누가 바보 같은 긍정주의자처럼 보이기를 원하겠는가? 현명하고 재치 있는 부정주의자가 되는 것이 훨씬 더 쉽고 인기도 많다. 그러나 그것은 리더십이 아니다."

강력한 리더는 긍정적인 면을 볼 때 비전과 잠재력, 새로운 가능성이 생겨난다는 것을 직감적으로 안다.

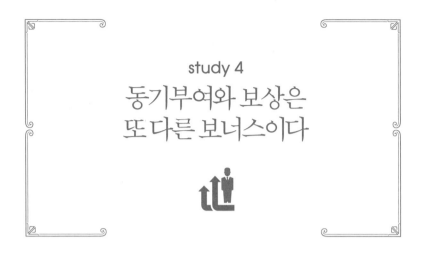

study 4
동기부여와 보상은
또 다른 보너스이다

인간 본성의 가장 깊은 원리는 인정받고자 하는 갈망이다.

—윌리엄 제임스(William James, 1942~1910), 심리학자이자 철학자

유능한 리더는 원하는 결과를 좀 더 확실히 얻을 수 있도록 동기
부여를 함으로써 긍정적인 역할을 한다는 것을 안다. 긍정적인 인식
은 성취를 이루어내는 가장 효과적인 유인물이다. 낙관적인 동기부
여는 다른 어떤 형태의 결과 추구방법보다 훨씬 더 큰 영향을 발휘하
며 오래 지속된다. 사람들은 성공의 길로 초대받은 것 같은 느낌을
받는다. 보상해주고 진정으로 인정해주는 리더는 사람들과 강력하

고 지속적인 결속력을 갖는다.

　보상하는 리더는 직원들이 훌륭하게 업무를 수행할 수 있도록 함으로써 다시 보상을 받는다. 자질이 부족한 리더는 직원들을 고치려 하고 소방관 역할을 하려는 등의 아마추어 기법을 쓴다. 숲과 나무의 비유를 들자면 무능한 리더는 당장의 문제에 시간과 에너지, 노력을 쏟아 부으며 오직 하나의 나무만을 본다. 유능한 리더는 모든 사람들에게 보상해 주는 데에 관심과 노력을 기울인다. 나무 하나는 잃을 수 있어도 숲은 전체를 살릴 수 있다는 것을 알고 있는 것이다.

　또한 탁월한 리더는 매일 보상해 줌으로써 동기부여를 해주는 데 시간을 쓴다. 보상은 이렇게 강력한 격려가 된다. 이런 리더들은 누군가가 노력하는 걸 알아보았을 때 메모나 이메일, 혹은 전화로 격려하고 동기를 부여한다. '수고했어요.'라고 확인해 주는 한 마디가 많은 것을 말해 주고 효과는 며칠 혹은 몇 주나 지속된다. 반면, 부정적인 비판은 몇 달 동안 지속되며 결코 잊히지 않는다. 이처럼 개인적인 의사표시는 작지만 의미가 크며, 공공연한 인정이나 보상은 큰 효과를 발휘한다.

　보상은 특별한 형태의 감사표시 방법이다. 동기부여와 보상은 팀의 생산성과 개인의 노력을 배가시킨다. 게임을 하는 것도 사람들이 재미와 보상을 위해 경쟁을 하도록 되어 있기 때문에 더 즐기게 된다. 이기는 것을 하나의 심리적인 도전으로 만드는 것이다.

직원들에게 보상해 주는 데 시간과 노력을 투자하는 리더는 고도의 동기부여 환경을 조성한다. 이는 사람들에게 보너스를 받는 것 같은 느낌을 주어 좋은 결과를 낳게 한다.

study 5
사고와 감정을
지배하라

우리의 현재 모습은 과거 우리의 생각으로부터 비롯된 것이며, 우리의 현재 생각은 미래의 삶을 형성하는 기초가 된다. 우리 삶은 마음의 창조물이다.

—싯다르타 가우타마, 부처

위대한 사람은 생각이 어떤 물질적인 힘보다 더 강하다는 것과 생각이 세상을 지배한다는 것을 안다.

—랄프 왈도 에머슨(Ralph Waldo Emerson)

리더십은 사람들의 생각을 탐색해야 한다는 것을 의미하기도 한다. 내가 배운 것 중에 가장 통찰력 있었던 것은, 내가 경험한 모든 감정은 내 생각의 결과라는 것이다. 큰 선물은 종종 큰 책임감과 함께 따라온다. 나의 생각과 감정에 대한 책임은 어느 누구도 아닌 바로 나 자신에게 있다. 엘리노어 루즈벨트 대통령은 '그녀의 허락 없이는 누구도 그녀를 화나게 할 수 없다.'는 농담을 하곤 했다.

데이비드 번즈 박사(David D. Burns)의 저서 '우울한 현대인에게 주는 번즈 박사의 충고'는 사고와 감정의 영역에 관한 강력하고 통찰력 있는 견해를 제공한다. 번즈 박사는 사람의 감정이 생각을 낳는 것이 아니라 그 반대로 생각이 감정을 자극하여 사람의 기분을 형성하고 지속시킨다고 말한다.

생각은 강력한 프로그램과 같아서 사람들은 자신이 무엇을 생각하고 그 생각이 어디에 머무는지 의식해야 한다. 또한 사람들은 자신이 기대하고 있는 것을 자신의 삶 속에 그대로 드러낸다. 생각은 자신의 관점을 결정하고 존재 전체를 형성한다.

생각과 관점의 강력한 힘을 보여 주는 두 중세 남자에 대한 우화가 있다.

두 사람 모두 석수장이였고 건물을 짓는 똑같은 임무를 수행하고 있었다. 첫 번째 남자는 '나는 이 황량하고 차가운 돌을 계속 캐내고 있군.' 하고 생각하고, 두 번째 남자는 '나는 영광스럽고 튼튼하고 오래가는 큰 성당을 짓고 있어.'라고 생각한다. 생각은 이처럼 매우 다른 관점을 형성하고 매우 다른 열정과 결과를 낳는다.

감정을 확인하는 것도 중요한 기술이다. 감정은 생각과 신념의 동료여서 응용 심리학자들은 감정을 E—활동(E—motion) 혹은 활동 에너지(energy—in—motion)라고 묘사한다. 리더가 자신의 생각을 지배하는 법을 배워감에 따라, 어떻게 감정을 살피고 에너지를 이용해야 하는지도 알게 된다. 소중한 열정을 유지하면서도 생각과 감정을 지배하는 것은 앞서가는 리더십 기술이다.

최근 한 지도자 모임에서, 나는 생각이 우리 개인 삶에 미치는 효과에 관한 또 다른 책을 발견했다. 조지 프랜스키(George Pransky)의 '관계에 관한 소책자'는 생각과 기분이 인간관계에 미치는 효과를 훌륭한 통찰력으로 설명한다. 생각과 감정에 대한 더 많은 통제력을 갖고 인간관계 또는 비즈니스 관계를 구축하고자 하는 리더에게 이 책은 큰 도움이 될 것이다.

앞서가는 리더는 자신과 자신이 이끄는 사람들에게 성공적인 결과를 가져오도록 자신의 생각을 지배하고 감정을 조절한다. 이들은 마음을 완전히 지배하여 견고한 관계를 형성하고 최적의 결과를 만들어낸다.

study 6
완전한 책임감을
가져라

주인은 상황을 만들어 내며 희생자는 상황을 비난한다.

—스티브 챈들러(Steve Chandler)

할 수 없다고 생각하면 하지 못할 것이다.

—드와이트 아이젠하워(Dwight Eisenhower)

스티브 챈들러가 그룹 연수를 이끌 때, "희생자는 비난하는 반면, 주인은 만들어낸다."라고 종종 말하곤 했다. 스티브가 그토록 효과적인 동기부여 훈련자인 이유는, 자신이 곤경에 빠져 어떤 행동도 취할 수 없다고 느끼는 사람들을 도와주기 때문이다. 이런 사람들은 창조에 대한 높은 생각을 하기보다 자아에서 시작되는 낮은 생각에 빠져 있는 경우가 많다.

희생자와 주인은 서로 다른 내면의 대본에 귀를 기울이며 뚜렷이 다른 에너지를 가진다.

희생자는 '삶이 나를 조종하고 통제하여 나에게 ___를 한다. 나는 환경의 희생자다.'라고 주장한다. 삶은 함정이나 막다른 종점으로 여겨진다.

희생자의 내면의 대본에는 다음과 같이 쓰여 있다.

'나는 어떤 곳에도 이르지 못할 것이다. 난 그렇게 훌륭하지 않다. 다른 사람들이 모든 행운을 갖고 있다. 나는 나의 길에 있는 것을 참아야 할 것이다. 난 끈기 있게 터벅터벅 걸어가고 헤쳐 나가야 도착할 것이다.'

희생자의 자세는 다음과 같다: 나는 살아남아야 도달한다. 삶은 절망적이다.

주인은 다음과 같이 믿는다.

'나는 ___을 만들어내고 얻기 위해 삶을 활용한다. 나는 능력이 있고 창조적이며, 나 자신과 다른 사람을 위해 훌륭한 삶을 만들어갈 권리가 있다. 나는 성취하고 성공할 임무를 갖고 있다.'

즉 삶을 창조의 기회로 여기는 것이다.

주인의 내면의 대본에는 다음과 같이 적혀 있다.

'나는 더 큰 우주 속에서 나만의 성공적인 세계를 만들어갈 것이다. 나는 나와 다른 사람을 위해 내가 원하고 선택하는 것을 이룰 능력이 있다. 삶은 경이로 가득찬 모험이며 나의 꿈을 만들고 실현시킬 방법을 배울 수 있는 도전의 장이다.'

주인의 자세는 다음과 같다.

'나는 성공할 것이며 그것은 내가 해야 할 일이다.'

프레드 코프먼과 스티븐 코비는 리더들을 위해 희생자와 주인의 개념을 자신들의 책에서 논의하고 있다. 이 저자들은 리더들이 직원들에게 내면의 부정적인 대본을 딛고 일어서서 온전한 책임감을 가질 것을 요청하라고 제안한다. 리더는 사람들에게 문제해결에 있어 '난 할 수 없어.'나, '난 환경의 희생자야.'라는 반응이나 태도를 넘어서 움직일 것을 요청한다.

영감을 받은 리더에게는 개인들이 온전한 책임감을 갖도록 격려할 아주 많은 기회가 있다. 한계를 극복하고, 자신을 희생양으로 여기는 사고방식을 넘어서는 것이 사람들을 자유롭게 하고 의미 있는 삶으로 이끌어준다. 자기 자신에게 권한을 부여하는 분위기를 만드는 리더는 말 그대로 조직과 개인을 동시에 변화시킬 수 있다.

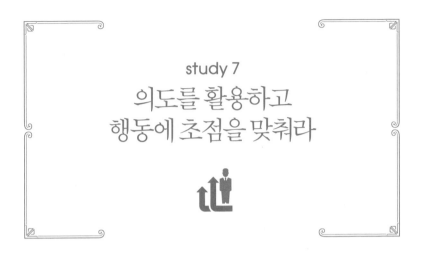

study 7
의도를 활용하고
행동에 초점을 맞춰라

사람은 자신이 생각하는 대로 되며, 결국 관심을 쏟는 것을 얻게 된다.

—노먼 빈센트 필(Norman Vincent Peale), '긍정적인 생각의 힘'의 저자

지난 세기의 뛰어난 저술가들이, 마음을 이용한 창조에 대해서 이야기했다. 나폴레온 힐, 어니스트 홈즈, 그리고 에멋 팍스는 사람들은 모두 잠재력과 충만한 재능을 갖고 있고 창조적인 존재라는 개념을 소개했다. 사람들은 이런 내면의 잠재력으로 굉장한 것을 만들어낼 수 있다. 이들이 최고의 선을 향해 다른 사람에게 봉사하고자 한다면 깨어 있는 리더가 될 수 있다. 이들의 잠재력은 선이 따를 때 배

가된다.

사람들이 더 높은 목표를 향해 의식적으로 만들어갈 때, 이른바 보편적인 도움의 원천이 작동한다. 이 원천은 이들 내부에 실현되어 있는 잠재력이다. 이 잠재력은 언제든지 다가갈 수 있고 무한하고 유용하다. 일단 사람들이 분명하고 긍정적인 의도로 '무언가에 마음을 정하면' 마음속의 잠재력이 내부에서 그들을 돕는다. 칼 융은 이런 현상 내지 원천을 동시성(synchronicity)이라고 불렀다. 사람들은 동시성을 경험할 때 올바른 궤도에 올라 있다는 것을 알게 된다.

유능한 리더는 사람들의 내면에 있는 동시성의 잠재력을 알아보고 격려하는 비즈니스 관계와 조직을 만든다. 이들은 의도를 분명히 정하고, 명확히 목표에 초점을 맞춰 실행계획을 세운다.

리더는 시도나 방법을 중시하는 것이 아니라 효과적인 결과를 얻는 데에 집중해야 한다. 나는 '시도'라는 말을 개인적으로 좋아하지 않는다. '시도'는 "한 번 해 볼게."라고 할 때부터 이미 부정적인 의미를 내포하고 있기 때문이다. 대신 "⋯⋯할 거야." 혹은 "⋯⋯한다고 약속할게."라고 말하고 싶다. 이는 행동을 표현하는 말로써 어떤 행동을 하겠다고 약속한다는 뜻이다.

나의 첫 코치인 할 로즈는 내가 무엇을 만들 것인가에 대해 분명한 의도를 갖고 목표를 설정할 것을 요구했다. 그런 후 나 자신과, 양측이 서명한 문서로(아주 중요하다.) 계약을 하게 했다. 나는 이것이 조금 지나치다고 생각하지만 그는 내면 깊숙이 있는 뭔가를 가동시킴으로써 한 사람이 어떻게 창조해 낼 수 있는지를 계속 설명했다.

그는 의식적으로 분명한 목적을 세우고 그것을 실행함으로써 나 자신에게 한 약속을 지키는 것의 보이지 않는 힘에 대해 가르쳤다. 이것은 단지 '행동으로 보이기'나 해야 할 일 목록을 작성하거나, 완성시킨 일의 항목을 제거하는 것 이상의 것이다. 이것은 의식적으로 생각한 후 그에 맞게 집중적으로 실행하는 것이다.

할 로즈는 내가 나 자신과 계약을 체결하고 그것을 반드시 완수하게 했다. 만약 나 자신과의 합의를 지키고 완수하지 않는다면, 생각하고 행동하고 매력을 발산하는 나의 잠재력을 제한하는 것이라고도 설명했다. 나 자신과의 계약에 사인하도록 함으로써 생각과 꿈과 비전의 차이, 그리고 행동과 신념과의 관계를 보여 주었다.

긍정적인 생각은 단지 표면을 스치고 지나가는 것뿐이라는 것을 나는 깨달았다. 긍정적인 사고는 결과를 만들어내는 헌신적인 행동이 뒤따라야 한다. 깊은 목적의식이나 신념이 없거나, 완전히 몰두하여 실행하지 않는다면 내 목표는 사고단계에 그치고 마는 것이다.

사람들의 의도가 깊은 신념이 되어 행동을 취할 때 에너지가 발생하여 분출한다. '권력 대 힘'의 저자인 데이비드 호킨스 박사는 강의에서 설명하기를, 이런 에너지 현상은 사실상 양자단계에서 작동한다고 한다. 달리 말하면, 한 사람의 의도가 잠재력—양자 에너지장

—을 만나 물리적 영역에서 사실성 혹은 현실성을 보여 준다. 이는 잠재력을 실현하고, 동시에 창조하고, 의도가 현실로 나타나는 것을 양자적으로 이해한 것이다.

자신의 직원들을 통해 의도와 실행에 깊이 전념하는 리더는 다른 사람의 잠재력을 일깨워준다. 리더는 좋은 계획을 효과적으로 실행하는 모범을 보여줄 수 있다. 리더십의 비전은 이렇게 한 번에 한 단계씩 현실로 나타나게 된다.

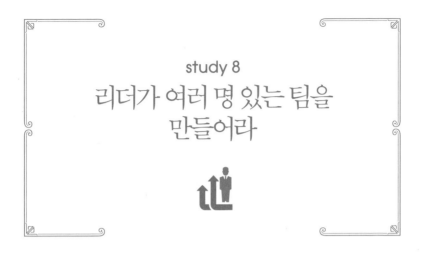

study 8
리더가 여러 명 있는 팀을
만들어라

리더십은 개인의 잠재력을 집단적 성과로 전환시켜 준다.

—프레드 코프만(Fred Kofman)

리더는 혼자 갈 수 없다. 비즈니스 리더는 모든 것을 생각하고 만들고 개발하는 고독한 천재 공상가라는 낡은 견해는 근시안적 사고방식이다.

자원은 많을수록 좋다. 리더 팀의 여러 재능들을 모으면 시너지와 힘이 발생한다. 한 팀에 재능 있는 여러 사람을 모으는 것은 21세기 비즈니스 조직에서 새롭게 각광받는 모델이다.

로어와 슈왈츠는 '온전한 전념의 힘'에서 훌륭한 비즈니스 관행을 전파하고 있다. 리더의 지혜는 '소중한 에너지를 유지하는 능력'에 있다고 한다. 헌신적인 리더는 지금 진행되고 있는 생산적인 노력에 에너지를 최대한 쏟아 붓는다. 리더들로 구성된 팀에서는, 다양한 전문성을 가진 리더들이 있기 때문에, 이들에게 권한을 위임함으로써 활력을 높일 수 있다. 이들은 팀의 다양한 전문가들의 도움을 받아 집중력을 발휘해 일을 더 빨리 추진한다.

로어와 슈왈츠는 어떤 리더나 개인도 모든 면에서 뛰어날 수 없으므로 리더들은 사람들이 어느 분야에서 다른 사람보다 탁월한지를 알 필요가 있다고 한다. 리더는 조직 전체를 위해, 권한을 위임하고, 리더들로 이루어진 효율적인 팀을 만들 책임이 있는 것이다.

유능한 리더는 조직 내에서 하인 역할을 하는 리더들로 이루어진 팀을 만든다. 참여를 통해 경영하는 팀에서는, 재능과 기술, 그리고 창의적인 아이디어가 기하급수적으로 증가한다. 그 결과 조직은 현재의 상황을 뛰어넘어 도약한다.

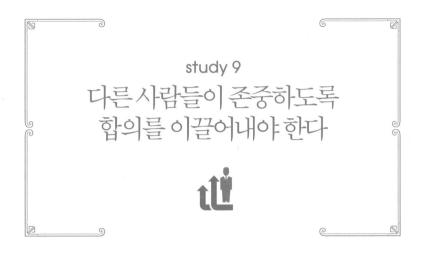

study 9
다른 사람들이 존중하도록
합의를 이끌어내야 한다

경영은 프로젝트에 초점을 맞춘다. 경영자는 그 프로젝트를 성공적으로 완수해 내기 위해 의견일치를 이끌어낸다. 경영상 합의는 자신이 경영을 하고 있고 훨씬 더 전문적인 수준으로 나가고 있다는 생각에서 사람들을 고취시킨다. 의견일치를 이룬다는 것은, 공통의 목표를 가진 공동 전문가로서 파트너가 된다는 것이다. 그것은 최고의 리더십이다. 프로젝트를 추진할 때는, 투입과 중간결과 그리고 결과를 통제할 수는 있지만, 사람을 통제할 수는 없다. 의견일치를 이룸으로써 사람들을 이끌어가는 것이다.

—듀앤 블랙(Duane Black), '간섭하지 않는 경영자'의 저자

우리 대부분은 사람을 변화시킬 수 없다는 것을 잘 알고 있다. 그런데 어떻게 다른 사람을 관리하고 혹은 통제할 수 있다고 믿는 걸까? 리더는 다른 사람의 감정과 성격을 통제할 수 없다. 하지만 책임 있는 합의를 통해 그들의 목표와 우선순위에 영향을 줄 수는 있다. 리더는 자신이 중요하다고 생각하는 것을 다른 사람들이 존중하도록 합의를 이루어낸다. 그런 후 그들의 참여를 이끌어낸다.

다른 사람들을 통제할 수 있다고 믿는 리더는 불을 끄는 데 자신의 시간을 사용한다. 이런 소방관들은 자신의 팀을 인도하기보다는 반응하는 것에 불과하다. 불을 끄고 남은 여력만 거의 때늦은 생각으로 팀을 보조하는 데 사용한다. 이런 시나리오에서는 이끈다는 것은 낮은 단계의 우선순위나 활동이 된다. 관계를 경영한다는 것은 리더십을 높은 단계의 우선순위로 배치하는 것이다.

불을 끄는 것 이외에 또 다른 쓸모없는 행위는, 리더가 시간의 대부분을 성과가 낮은 사람들을 지도하는 데 쓰는 것이다. 아이러니한 것은 성과가 낮은 사람들은 대개 자신의 작업에 시간과 열정을 투자하지 않고, 단지 그 자리를 지키고 있을 뿐이다. 그 결과 리더의 소중한 에너지와 시간이 중간단계나 상위단계의 일을 하는 사람들에게 돌아가지 않는다.

성과가 낮은 사람들에게 지나치게 에너지를 쓰는 리더는 역기능을 하는 행동에 보상을 하는 것이며 조직의 발전을 지체시킨다. 때때로 리더는 성과가 낮은 사람들을 도움으로써 발전을 기대할 수 있다. 그러나 연구에 의하면 그런 일은 좀처럼 일어나지 않는다.

이 점에 관해 스콧 리처드슨과 스티브 챈들러는 '이것은 부실한 시간경영과 비효율적인 아마추어 심리치료가 될 뿐이다. 또한 직원들이 성인 대 성인의 관계가 아닌 감독관에게 양육을 받으려는 아마추어적인 입장을 취하게 만든다.'라고 지적한다.

리더가 명확한 의견일치를 통해 경영할 때 책임감을 가진 팀을 만들어가게 된다. 이는 강력하게 목표를 관리하는 것으로, 사람들이 분명한 합의를 이행함으로써 우선순위를 받아들일 때 조직의 목표를 달성할 수 있게 된다. 가장 효율적인 리더십 패러다임은, 개인 각자가 명확한 의견일치를 받아들이고, 그것을 충족시키는 경영을 할 때이다.

study 10
뛰어난 가치를
제공해야 한다

대부분의 회사들이 위대해지지 못하는 이유는, 엄밀히 말해 완전히 위대한
회사가 되지 못하기 때문이다. 이는 회사들의 가장 큰 문제이다.

—짐 콜린스(Jim collins), '좋은 회사에서 위대한 회사로'의 저자

특별한 가치란 당신이 받는 요금의 3배 내지 10배를 고객에게 주
는 것으로 정의할 수 있다. 이런 방식을 채택하는 리더는 높은 경쟁
력을 갖게 된다. 또한 이런 이례적인 가치를 고객에게 제공하는 조직
은 진정한 경쟁자가 없게 된다.

서비스 정신은 기여할 수 있는 능력이다. 기여가 클수록 그로 인

한 가치는 더 커진다. 뛰어난 고객 서비스를 제공하는 회사는 자신의 비즈니스만큼 고객의 비즈니스에도 관심을 갖는다. 고객이 훌륭한 대우를 받게 되면 다른 고객을 계속 소개해 주게 된다. 사람 대 사람의 소개는 새로운 비즈니스 창출의 가장 효과적인 형태로 알려져 있다.

뛰어난 가치 창출은 순전히 상품과 서비스에서만 이루어지는 것이 아니다. 제공하는 쪽의 목적과 열정에서도 비롯된다. 필자의 한 고객은, 내가 미리 준비해둔 판에 박힌 해결책을 제시하지 않고, 새로운 경험을 하고 무엇이든 다룰 수 있도록 힘과 능력을 내면 깊숙한 곳에서 느끼도록 했다고 한다. 그 고객은, 답은 이미 내면에 있기 때문에, 경험과 자신에 대한 신뢰와 자신감을 표출하기만 하면 된다는 것을 배웠다고 했다. 내면의 안내를 받을 때, 완전히 새로운 차원의 발견이 이루어질 수 있다. 이렇게 되면 현재뿐만 아니라 미래에도 어떤 과정이 자신에게 가장 적합한지 파악하는 힘을 갖게 된다. 마스터카드의 광고를 빌자면 이것은 '돈으로 살 수 없는' 능력이다.

어떤 비즈니스도 좋은 의도와 배려만 있으면 뛰어난 가치를 제공할 수 있다. 의사에서부터 배관공, 자동차 수리공에 이르기까지 어떤 형태나 크기의 비즈니스 리더라도 이런 뛰어난 가치창출의 과정에 참여할 수 있다. 의사로서는, 바쁘게 환자를 다루는 계산된 보살핌이 아닌, 환자들의 건강상의 어려움에 대해 적절히 시간을 할애하고 마음에서 우러나오는 염려를 해주는 것이다. 배관공이라면 기름에 쩐 작업복과 더러워진 손으로 고객의 아름다운 집에서 작업하는 것이 아니라 깨끗하고 단정한 복장을 의미할 것이다. 자동차 수리공이라면 꼭 필요한 서비스와 수리를 바가지가 아닌 정확한 요금으로 수리를 제공하고, 수리한 자동차를 제 시간에 돌려주어 믿음을 쌓는 것이다.

유능한 리더는, 모든 사람의 더 높은 선을 위할 때 '탁월한 가치' 창출이 이루어진다는 것을 잘 안다. 분명 요금보다 더 높은 뛰어난 가치가 제공될 때, 훌륭한 비즈니스가 창출된다. 이렇게 되면 고객은 제대로 된 서비스로 대접과 인정을 받고 있다는 것을 느끼게 된다.

study 11
사려 깊은 브랜드를
만들어라

상품이나 서비스의 외관이나 느낌, 혹은 동일시되는 이미지가 브랜드다.

—커크 사우더(Kirk Souder), 마케팅과 브랜드 컨설턴트

커크 사우더는 두 회사를 설립한 성공적인 광고 마케팅 경영자다. 그는 브랜드에 대해 천재적인 감각을 갖고 있다. 한번은 그가 "당신은 모두에게 특별한 사람이 되고 싶소, 아니면 특정한, 한 사람에게 없어서는 안 될 존재가 되고 싶소?"라고 나에게 물어온 적이 있다. 이는 한번 생각해볼 만한 흥미로운 질문인 것 같다.

독창적인 리더는 상품이나 서비스에, 고객들이 빠져들어 심리적

으로 받아들이게 하는 강력한 메시지를 넣으려고 노력한다. 브랜드는 상품이나 서비스에서 느껴지는 '인간성'으로 생각할 수 있다. 열려 있는 회사의 브랜드에는 자사와 리더가 나타내고자 하는 가치가 드러난다.

리더는 "이 상품과 서비스는 누구(표적시장 분할, 수요자)에게 어필하고 왜(감성적 호소, 브랜드 정체성) 그런가?"라고 묻는다.

엔터테인먼트와 미디어 분야의 리더들은 상품이 대중에게 어필할 수 있도록 브랜드를 만들어낸다. 타깃 고객을 꼼꼼히 조사한 후 자신의 상품이 관객이나 박스오피스, 인터넷, 신문에 크게 어필될 수 있도록 다듬는다. 이런 프로듀서 리더는 관중이 얼마나 까다로운지, 언제 돈을 엔터테인먼트에 쓰는지 파악하여 여러 가지 변수와 경향을 가늠한다.

효과적인 브랜드는 상상력을 자극한다. 리더들은 기존의 가치를 벗어나지 않으면서 상품의 무결함을 나타내는 믿을 만한 브랜드를 만들어내는 능력을 갖고 있다. 고객의 감성을 자극하고 브랜드 정체성을 가진 상품을 만드는 것이다. 또한 매력적인 콘셉트를 갖고 있으면서 회사의 정신을 나타내는 것도 좋은 방법이다.

study 12
글로벌 리더로
키워라

글로벌 의식, 모두가 공유하는 하나의 환경에 대한 존중, 새로운 형태의 자본주의적 협력, 심각한 경제적 불평 등에 대한 새로운 해결책, 그리고 국제적 공조에 대한 실험이 필요하다.

—프레더릭 허드슨(Frederic M. Hudson), '성년시절'의 저자

나는 리처드 배럿이 쓴 '회사 직원들을 자유롭게 하기(Liberating the Corporate Soul)'에 나오는 7단계의 리더십 의식을 추려 놓았다. 그중에서 상위 세 단계의 리더십은 더 큰 공동체인 세계와 지구 환경을 유능한 리더십에 포함시켜 놓고 있다. 이 세 단계는 '앞선' 혹은 '진보

된' 리더십으로 인식할 수 있지만, 모든 생명체를 존중하는 리더십도 결코 시기상조인 것은 아니다.

인간의 의식이 지구 차원으로 확대됨에 따라, 환경에 대한 인식은 리더십이 당연히 갖춰야 할 덕목이다. 열려 있는 리더는 모든 생물체에 인간적인 서비스와 상품을 만들어 낸다. 열대우림이나 다른 생태계에 있는 나무들은 다시 살아날 것이고, 환경오염과 화학 배기량을 줄이는 대체 에너지원이 될 것이다. 식품은 자연에서 배양되고 자연산 제품으로써 가공될 것이다.

리더는 우리가 지구촌에 있는 하나의 공동체라는 것을 받아들인다. 이는 단지 하나의 아이디어나 개념이 아니라 보편적인 법칙이다. 창조는 물리적이든 정신적이든 모든 사람들에게 맡겨져 있다. 우리는 단지 그것을 돌보는 사람일 뿐이다. 사람들은 지구를 소유하고 있는 것이 아니라 임차인에 불과하다. 우리가 우리의 보금자리인 지구나 다른 생물들에게 해를 끼친다면 그것은 바로 우리 자신을 해치는 것과 같다.

2년 전에 컨퍼런스에서 매리언 윌리엄스의 '기적의 과정'이라는 기조연설을 듣게 되었다. 그녀는 처음 엄마가 되는 것에 대해 경건하게 얘기했다. 엄마라는 신성한 존재에 대해 자세하고 구체적으로 말하는 모습이 정말 매혹적이었다. 그녀는 이전에 모성이 지구를 구한 얘기도 언급하며, 자신의 아이와 전 세계 아이들에 대한 헌신을 요점으로 하며 연설을 마쳤다.

그녀는 '국방부'와 균형을 이루기 위해 '평화부'라는 새로운 기관 설립의 입법을 촉구하는 서명운동을 하기 위해 워싱턴에 갔었던 이야기도 했다. 나는 그녀의 결의에 차고 강렬한 여성적인 기품, 그리고 지구에 대한 모성애에 깊은 감동을 받았다.

그녀는 확신에 찬 모습으로, 열대우림을 고갈시키고, 화석연료를 태우며, 오존층의 구멍을 확대시키고, 화학 쓰레기들로 바다를 오염시키는 폐해를 되돌릴 수 있는 시간은 5년 내지 10년밖에 남지 않았다고 했다. 나는 최근에 임산부들이 높은 수은 함량 때문에 더 이상 참치를 먹을 수 없다는 사실을 알고 충격을 받았다. 지금 지구는 죄수들이 교도소를 운영하고 있는 것이 아닌지 자문하지 않을 수 없다. 통찰력 있는 새로운 리더가 절실히 필요한 시대인 것이다.

최근 앨 고어를 비롯한 몇몇 사람들이, 인류가 생태계의 균형에 영향을 주고 자연을 교란시키고 있다는 것을 용기 있게 밝힌 바 있다. 생물의 종과 자연 생태계가 멸종에 이르지 않기를 바랄 뿐이다. 환경 친화적인 개혁법이 통과된다면 리더들도 우리의 소중한 지구와 풍부한 자원, 아름다운 동식물에 대해 의식하기를 정중히 부탁하는 바이다.

아메리카 원주민들은 항상 자연을 지배자로 인식했다. 우리는 지구의 방문자이자 집사일 뿐이며, 지구는 사람들이 사용하고 존중하고 감사해야 할 선물이다. 열린 리더들이 지구라는 하나의 공동체의 집사가 될 때, 지구상의 모든 아름다움과 동식물들이 번성하고 공존할 수 있게 될 것이다.

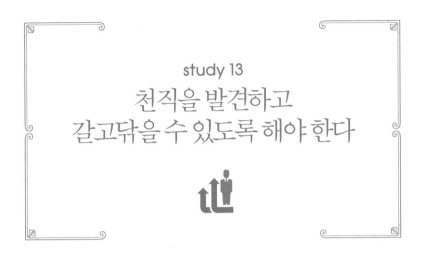

study 13
천직을 발견하고
갈고닦을 수 있도록 해야 한다

천직을 발견하는 것은 우리의 가치대로 사는 것을 의미한다. 우리가 무엇을 하는가는 우리가 정말 누구인가를 나타내므로, 우리의 가치를 우리가 하고 있는 일에 부친 셈이다. 자신의 직장이 매일의 의미와 양식을 제공할 것이라고 점점 더 많은 사람들이 기대한다. 이들은 자신의 재능을 생존과 생계라는 실제 현실 문제와 결부시켜 주는 직장을 원한다.

— 리처드 라이더(Richard J. Leider), '목적의 힘(The Power of Purpose)'의 저자

우리는 무언가를 받아서 생계를 꾸려가지만, 무엇을 주는가에 의해 삶을 꾸려 나간다.

— 윈스턴 처칠(Winston Churchill)

'일의 재창조(Reinvention of Work)'에서 매튜 팍스는 내면의 의미를 천직처럼 여기는 일에서 찾을 수 있다고 말한다. 그는 다음과 같이 적고 있다.

"우리 노동자는 일하는 시간에, 하는 일을 점검하라는 부름을 받는다. 즉 우리가 어떻게 일하고 있고, 누구에게 도움을 주고 해가 되는지, 우리가 하는 일이 무엇인지, 그리고 만약 지금의 일을 하지 않고, 내면의 소리를 따른다면 무엇을 하고 있을까 하는 것이다."

천직은 자신의 열정을 따랐을 때 말 그대로 내면을 살찌우며, 우리는 기본적으로 내면의 부름에 답한다. 직장생활에서 평생직장으로 이동하는 것이다. 리더는 비즈니스 공동체를 만드는 것뿐 아니라 사람들이 자신의 천직을 발견하고 갈고닦을 수 있도록 해야 한다.

자신의 저서 '번영의 패러다임(The Prosperity Paradigm)'에서 스티브 다눈치오는 이렇게 말했다.

"개인에게는 선택된 길이 있으며, 일을 통해 표현하는 유일한 목표가 있다. 우리가 일을 할 때, 여러 가지 형태, 즉 수입, 애정 어린 관계, 인정과 보상 등의 풍요로움을 얻게 된다. 이런 일은 단순한 금전 이상의 부를 가져오고 우리가 사용한 에너지를 재충전해 준다. 그러면 열정, 열의, 고무된 창의성으로 자신이 불타오르는 것을 경험할 수 있다." 통찰력이 있는 리더는 이런 식으로 사람들이 조직에서 일할 수 있게 한다.

스티브 다눈치오는 리더를 비롯한 모든 사람들이, 직업을 새로운 눈으로 바라보기를 바란다. 우리 자신을 소유물이나 직위 등으로 바라보지 않고, 자신이 하고 싶은 일, 즉 천직을 알아내라고 요구한다. 사람들이 자신의 천직을 찾았을 때, 일에서 단순히 금전을 획득하는 것 이상을 얻게 된다. 그러면 사람들은 좋은 직장과 행복이 밀접한 연관성이 있다는 것을 경험하게 된다.

열려 있는 리더는 사람들이 천직을 찾도록 고무하고 격려하는 열려 있는 비즈니스 공동체를 만든다. 현대의 비즈니스 리더는 마음의 에너지와 내면의 소리를 따르는 개인의 열정을 알아본다. 이런 회사의 모든 관련자들은 천직과 영혼의 목적을 일치시킴으로써 만족을 얻게 된다.

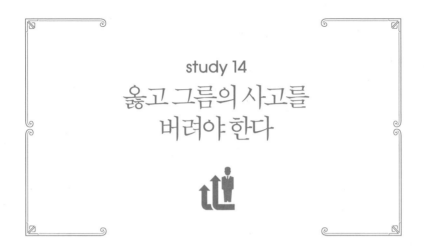

study 14
옳고 그름의 사고를
버려야 한다

자신의 입장에서 집착하려는 것을 멈추면, 그것이 이전의 모든 비참함, 공포,
불행의 씨앗이었음을 깨닫게 된다. 그것은 근본적으로 잘못된 것이기 때문
이다.

—데이비드 호킨스(David R. Hawkins), 의사이자 '권력 대 힘'과 '진실과 거짓'의 저자

리더는 사람들이 서로 상반되는 입장을 갖고 있을 때 이를 극복하
는 방법을 알아야 한다. 협상이나 토론을 할 때, 이해하려고 노력하
고, 의견이 일치되는 부분을 찾거나, 여러 가지 견해들 속에서 진실
을 찾으려고 함으로써 성공적으로 어려움을 극복해 낼 수 있다.

어떤 입장을 취한다는 것은 어린 시절이나 문화생활, 사회의 경험에서 영향을 받는다. 어떤 사람은 자신의 입장을 확인하는 데 어려움을 겪기도 한다. 이는 옳고 그름의 사고방식이 우리의 사고와 세계관에 너무 깊이 박혀 있기 때문이다. 옳고 그름의 사고방식은 학교에서 교육받고 종교단체에서 육성되며, 정부조직에도 자리를 잡고 있다. 따라서 이런 사고방식은 비즈니스 세계에도 널리 확산되어 있다. 리더는 이 접근방식을 택해서 비즈니스 공동체를 만들어서는 안 된다.

분명 사람들은 사회를 통치하는 기준과 가치를 필요로 한다. 법 집행이 좋은 예라고 할 수 있다. 문제는 구조와 경계의 필요가 아니라 옳고 그름에 대한 모델의 적용과 응용에 있다. 이 모델은 이분법적이어서 사람들이 이편 아니면 반대편에 서서 절대 합치거나 동의하지 않는다. 이런 접근방식에서는 찬성과 반대 이 외의 입장은 존재하기 어렵다. 리더는 진정한 삶과 일은 제한된 수의 선택지보다 더 많을 것을 필요로 한다는 것을 알아야 한다. 옳고 그름의 접근방식은 사람들에게 단지 두 가지의 선택지를 제공하며 학습이나 성장을 장려하지 않는다. 만약 극한 감정이라도 개입된다면 상황은 더 악화된다. 옳고 그름을 따지는 접근방식은 사람들 사이에 일어나는 모든 갈등의 근원이다.

리더는 이런 옳고 그름을 따지는 사고방식을 허용하거나 장려해서는 안 된다. 왜냐하면 사람들을 서로 갈등하게 하고 고립시키기 때문이다. 이런 방식은 효과적인 팀워크나 창조적인 참여, 아이디어의 자유로운 표현을 저해한다. 비즈니스 사회는 사람들에게 생산과 서비스, 상품에 다양한 선택지를 부여할 수 있어야 한다.

가족이나 친구, 동료들 사이의 갈등이 얼마나 해로운지 생각해보라. 한 사람이 옳다는 입장을 취하면, 다른 누군가는 틀려야 한다. 그러면 흑백의 이분법이라는 함정에 빠지게 된다. 결국 강도 높은 감정적 비난으로 치달아 사람들 간의 거리가 벌어지게 된다.

좀 더 효과적인 방법은 사람들의 입장 차이가 단지 견해와 관점의 차이라고 생각하는 것이다. 모든 것은 마음에서 비롯되기 때문에 사람들은 자신만의 견해를 가질 권리가 있다. 그래서 다른 사람들의 관점과 의견에 동의할 필요는 없지만 그 의견을 존중할 수는 있다. 유능한 리더는 사람들이 견해를 가질 권리가 있다는 것을 알기 때문에, 이에 귀를 기울이고 존중하여 이해를 촉진한다. 적대감을 드러낼 때는 부정적인 감정을 달래고 누그러뜨리는 것이 필수이다.

이는 양측이 옳고 그름으로 분리된 마음을 누그러뜨리고 자신의 강력한 입장에서 벗어나는 것이다. 나의 비즈니스 경험에 의하면 조직 내에서 자신만의 입장을 고수하는 일이 많아지면 동료에게 상처를 줄 수 있다는 것을 경험할 수 있었다. 어느 한 입장에서 비롯된 판단과 비난은 파괴적이어서 인간관계를 해친다.

산타모니카 대학원 졸업식에서 론 헐닉 박사(Dr. Ron Hulnick)는 '사람들이 깨닫고 반대하기를 멈출 때만 평화로운 관계가 가능하다.'라고 지적했다. 나는 리더들이 이 기술의 치유력을 주의 깊게 살펴보라고 강조하고 싶다. 많은 사람들이 한 가지의 입장을 취함으로써 결국 전쟁으로 발전하기도 했는데, 이는 한 지역 혹은 전 세계적 차원에서 옳고 그름을 따지는 사고방식 때문이었다.

타협적인 리더는 모든 비즈니스 관계에서 옳고 그름을 떠나서 선택하고, 강력한 입장에서 벗어나며, 협소한 관념에서 비롯되는 파괴적인 결과를 줄일 줄 안다.

study 15
현재를 즐겨라

다시는 돌아오지 않으므로 오늘의 매 시간을 소중히 여겨라.

　　　　　—오그 만디노(Og Mandino), '세상에서 가장 위대한 세일즈맨'의 저자

완수하지 못한 과업에 매달리는 것만큼 피곤한 일은 없다.

　　　　　—윌리엄 제임스(William James, 1842~1910), 심리학자이자 철학자

　로마의 지도자들이 만든 경구가 있다. '카르페 디엠(Carpe diem)', 즉 '현재를 즐겨라.'라는 뜻이다. 유능한 리더는 자발적으로 미리 행동하는 것의 중요성을 잘 알고 있다. 하루의 매 순간에 기회가 있음을

인식하고 있는 것이다. 분명한 의식이 있는 사람은 현재에 집중하여 능숙하게 계획하고 창조하며 봉사하고 생산한다.

오래된 불교의 격언 중에는 '하루가 모든 인생의 축소판이다.'라는 말이 있다. 하루에 기회와 수익, 장애와 좌절 등 모든 것이 있다. 하나의 사건들을 어떻게 볼 것인지는 사람들의 관점이 결정한다. 사람들은 스스로 자신들의 시간과 에너지, 초점을 어디에 집중할 것인지를 결정할 수 있기 때문이다.

하루가 가기 전에 리더는 에너지와 자원을 효과적으로 사용하여 회사와 고객에게 최고로 봉사하는 법을 배운다. 이들은 모든 집중력과 창의력을 발휘하여 프로젝트나 당장의 중요한 일에 헌신한다. 또한 리더는 모든 사람들이 매일 최적의 수준에서 제대로 기능하도록 전념한다.

4장

패배를
말하지 않는
리더

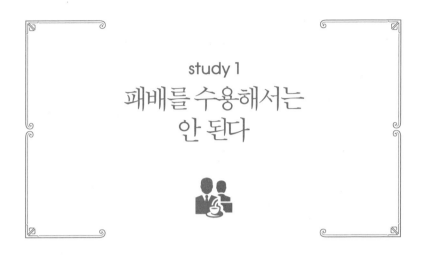

study 1
패배를 수용해서는
안 된다

패배를 말하지 말라. 희망, 신념, 믿음, 승리와 같은 단어를 사용하라.

—브랜든 케널리(Brendan Kennelly), 아일랜드 시인

오직 당신만이 당신에게서 어떤 것도 뺏을 수 있다. 이를 깨닫는 것은 광명의
시작이다.

—'기적의 과정'

많은 사람들이 목표를 이루기 바로 직전이나 노력을 보상받기 바
로 직전에 포기하고 만다. 이는 부지불식간에 이루어지는 자기 방해

에 해당된다.

자신이 세운 목표에 전념했다면 포기는 에너지를 낭비하는 셈이다. 신경이 지나는 통로와 패턴은 말과 생각, 과정의 반복을 통해 뇌에 형성된다. 긍정적인 목표에 집중할 때 생기는 에너지가 좋은 결과를 가져온다. 우리는 우리가 깊이 믿고 바라는 어떤 것도 자유롭게 추구할 수 있다.

사람들이 낙담하면 완전히 다른 일이 생길 수 있다. 이렇게 되면 사람들은 낮은 수준의 에너지를 느끼고 어떤 변화가 필요할 수도 있다. 그러나 포기해서는 안 된다.

기분은 그 사람의 내면의 날씨를 보여주는 바로미터다. 기분이 우울할 때는 지금 현재의 문제에 끌려 거기에 초점을 맞추게 된다. 이렇게 되면 사람들은 당장 무언가를 해야 한다는 압박감을 느끼게 되지만 자신에게 도취되어 해결책을 알아보지 못한다. 사람들은 부정적인 태도와 행동을 경험하면 생각과 감정, 일의 결과도 부정적이 되고 만다.

절대로 패배를 수용해서는 안 된다. 어디서 균형이 무너졌는지 자신의 신체나 정신, 감정과 영적인 수준을 점검해 보라. 안정감을 느낄 때는 이 네 수준이 균형과 조화를 이룰 때이고, 절망감을 느낄 때는 이 중 어느 하나가 불균형을 이룰 때이다. 다음과 같이 내면으로 들어가서 몇 가지 질문을 해보라. 배가 고픈가? 운동이 필요한가?

뭔가 감정적으로 당신을 괴롭히고 있는 문제가 있는가? 슬프거나 화가 나 있는가? 잠깐의 낮잠이 필요한가? 치유 마사지 같은 자기치료가 필요한가? 20분 동안의 명상이 당신의 중심을 다시 잡아 줄 수 있겠는가?

유능한 리더는 사람이 가장 중요한 자산이라고 말한다. 포기하려는 경향은 피로와 낮은 에너지와 연관되어 있다. 사람들은 충분히 준비가 되어 있을 때 다른 사람들에게도 효과를 발휘한다. 그러니 충분히 준비하고 포기해서는 안 된다. 절대 양보하거나 져서는 안 된다.

사람은 자신의 신체를 소중히 여기고 마음과 정신이 활동적으로 유지되도록 자기관리를 해야 한다. 우리는 이기적인 것이 잘못되었거나 사람을 버릇없게 만든다고 배웠고 거기에 길들여져 있다. 그러나 사실은 그 반대일 수 있다. 자신을 적절히 돌봐야만 다른 사람도 도울 수 있다. 자기 자신을 돌보는 것은 '이기적'인 것이 아니라 자신을 육성하고 존중하는 것이다.

리더는 재충전 뒤에 다시 이런 선택을 할 수 있다. 사람들은 균형이 잡히고 명랑하며 다가가기 쉽고 빈틈이 없으며 공감할 줄 아는 리더를 원한다. 자신이 그런 역할과 환경에서 일하고 있는 모습을 그려 보라. 침착하고 적절하며 너그럽고 에너지가 넘치며 공감하는 리더가 되어야 한다.

리더가 희생자나 패배자가 되는 것은 어떤 이익도 되지 않는다.

자신에 대한 책임은 자신에게 달려 있다. 자신보다 못한 것을 허용하는 것은 자신이 봉사하는 조직과 사람들에게 해가 된다. 리더가 자신을 돌보는 것은 다른 사람들에게도 도움이 된다.

내 경험에 의하면 내가 자신을 잘 돌볼 때는 활동적으로 되고 더 집중해서 들으며, 감성적으로 다가가기도 쉬워진다. 내가 중심이 잡혀 있으면, 개인적, 전문적 차원에서 다른 사람들과 교류하는 것을 즐기게 된다.

유능한 리더는 기준을 세워 모든 면에서 자신을 돌보며, 직원들도 자신을 돌보도록 장려하는 비즈니스 환경을 만든다. 리더는 항상 자신의 내면의 바로미터를 지켜보고 스스로 조절하고 조화를 이룬다. 리더는 결코 패배를 수용하지 않는다.

study 2
크게 놀아야 한다

결과를 통제할 수 없다고 받아들이는 것은 행동의 끝이 아니라, 당신의 선택 그리고 이제껏 이루어놓은 것에 대해 모든 책임을 지는 것이다. 당신은 자신과 조직의 멋진 미래를 위해 자유롭게 무언가를 만들고 수단을 제공할 수 있다.

—트레이시 고스(Tracy Goss), '권력에 대한 종언'의 저자

우리가 가장 공포감을 느낄 때는 우리가 부족할 때보다 대단히 강할 때이다. 우리를 놀라게 하는 것은 어둠이 아니라 빛이다.

—메리안 윌리엄스(Marianne Williamson), '사랑으로의 회귀'의 저자

머지않아 많은 사람들이 작게 머물러 있거나 위험을 무릅쓰지 않는 것에 싫증을 느낄 것이다. 어떤 이들은 단순히 세상이 더 나은 곳이 되기를 원한다. 리더는 좀처럼 작게 놀지 않으므로 큰 역할을 맡으며, 분명 많은 대중을 만족시킬 수 있는 유산을 만들어 내길 원한다.

리더는 끊임없이 자신의 한계를 넘어서려고 노력한다. 그러기 위해 새로운 기술을 배우고 새로운 재능을 개발하며 새로운 분야에서 전문성을 키우고, 또한 위험을 예측하면서 거기에 맞선다. 이는 자신의 목표를 찾아 발견하려는 내면의 여행 과정이다. 지도하는 일은 자신이 꿈꾸는 인생을 표현할 수 있도록 사람들을 인도하는 것이다. 리더는 자신과 자신의 사람들, 그리고 비즈니스를 개선하기 위해 사람들을 지도한다.

크게 논다는 것은 다른 사람에 대한 봉사가 되도록 자신을 제공하는 것을 의미한다. 리더는 회사나 사회에서 자신의 봉사로 베푼다. 공동체 모임에서 활동하거나 비영리단체를 위해 자문을 해주며, 또 젊은이들을 가르치고 10대들을 위해 조언자가 되어 준다. 도움이 필요한 사람들을 위한 자선단체의 모금행사에 이름을 빌려 주기도 한다.

경험에 따르면, 내 시간과 경험을 자원해서 나누면, 믿을 수 없을 정도로 즐거운 일이 생겨난다. 리더는 항상 시간이 많지 않겠지만 좀 더 성취하고자 한다면 자신의 시간을 사람들을 위해 사용할 줄 알아야 한다. 그렇게 했을 때 마음과 뜻이 맞는 사람들을 만날 수 있게 된다. 봉사하는 일은 이제 나의 열정이 되었다.

사람들이 크게 놀기로 결정할 때는, 일련의 헌신적인 행동단계를 더 밟아 나간다. 각각의 단계에서 새로운 존재 방식을 만들어내는 것이다. 그러면 다른 사람들에게 기여하고 봉사하는 능력이 무한히 커진다. 이들은 자신의 노력을 쏟아 붓고, 새로운 것을 만들어내고 넓혀 나갈 때 자연스럽게 다른 사람에게 초점을 맞춘다. 많이 줄수록 많이 받는다는 개념에는 진리가 담겨 있다. 직접 경험하고 느껴 보기 바란다.

다른 사람을 가르치고 돕고 지도하는 경험은 온전한 기쁨을 가져다준다. 도움이 되는 질문을 하고 집중해서 들어 주면 때로는 사람들이 스스로 보지 못한 것들이 드러나게 된다. 이들이 내면의 위대함을 표현할 수 있도록 이끌고 조언하는 것에서 느껴지는 만족감은 무한대다. 크게 노는 것은 모두에게 혜택을 준다.

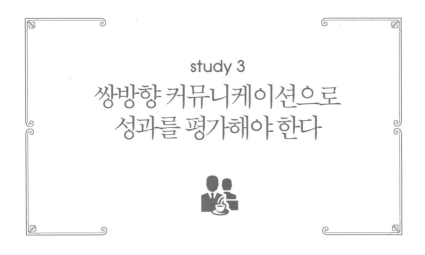

study 3
쌍방향 커뮤니케이션으로 성과를 평가해야 한다

마지막으로, 우리가 누릴 수 있는 자유는 자신을 훈련시킬 자유다.

—버나드 바루치(Bernard Baruch, 1870~1965)

성과에 대한 평가는 흔히 일방향 커뮤니케이션으로 이루어지기 쉽다. 관리자나 리더는 성과를 평가할 때, 잘 수행된 과제나 프로젝트, 개선할 여지가 있는 부분을 알려 주어야 한다.

경험에 따르면 성과의 기준은 많은 경우 상황에 따라 달라진다. 대개 조직이 성장하고 변화할 때 그런 경향을 보이는데 종종 기준과 달라지기도 한다. 좀 더 나은 방법은 양쪽이 각각 역할을 분담해서

성과를 올리고, 각자 어떻게 결과에 보탬이 되었는지 의견을 교환할 수 있어야 한다.

효율적인 비즈니스 관계는 양쪽이 서로 기여하고 상호 의견을 교환할 수 있어야 한다. 관리자나 리더는 부하들의 제안을 통해 도움을 받을 수 있다. 직원들도 과정이나 절차, 생산, 개선 결과에 대한 아이디어를 낼 수 있어야 한다. 양쪽이 의견을 교환하고 참여할 때 시너지 효과는 커지고 서로에게 도움이 된다.

급변하는 시대에, 효과적인 쌍방향식의 커뮤니케이션은 리더와 회사 모두에게 매우 중요한 가치가 있다. 공정 과정의 개선에 대해 가장 많은 지식을 갖고 있는 사람은 그 작업을 수행하는 사람들일 것이다. 그들은 매일 자신의 작업과 공정에 대해 생각하고, 어떻게 하면 목표를 성취할 것인지를 연구하는 전문가들이다. 근로자나 조직 모두 작업계획과 공정과정의 개선에 참여할 수 있을 때 그 효과가 가장 크다.

성과의 평가가 잘 이루어지면 강력한 동기부여가 될 수 있다. 유능한 리더는 자신의 부하들을 잘 알고 있다. 그리고 가장 효과적인 동기부여는 그 사람 안에 이미 있는 것을 일깨워주는 것이다. 리더십은 조심스런 질문, 도움을 주는 질문, 시기적절한 조정, 관심 어린 배려를 통해 사실상 미개발된 잠재력을 이끌어내는 것이다. 평가 과정은 어떤 방식에 대해 살펴보고자 하는 것이며 동기부여가 그 요점

이어야 한다.

오늘날 많은 정보 기업들은 팀 조직과 재편을 위해 효과적으로 재설계된 운영모델을 갖고 있다. 이 기업들의 구성원들은 대부분 지식 노동자들로 구성되어 있다. 한 회사 안에 전문가들로 이루어진 다수의 팀들이 프로젝트를 수행하는 것이다. 이런 업무 환경에서는 더 많은 협력과 상호 간의 평가가 이루어진다. 즉 프로젝트에 기반한 업무 환경에서는 사람들이 자유롭게 프로젝트에 관해 자신의 의견을 제시할 수 있고, 또 같은 방식으로 평가를 받는 것이다. 그래서 양방향 커뮤니케이션이 크게 증가한다. 결국 모든 사원들은 향상된 커뮤니케이션과 정보 교환, 성과에 대한 전망에 대한 상호 간의 대화를 통해 혜택을 얻게 된다.

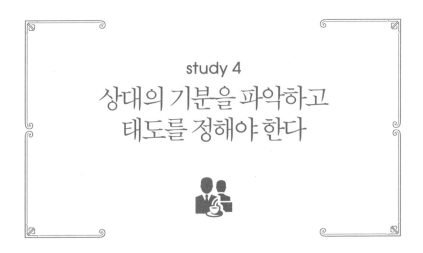

study 4
상대의 기분을 파악하고
태도를 정해야 한다

우리가 의미를 부여하기 전까지는 어떤 것도 의미를 갖지 않는다. 이것은 직장에서도 마찬가지다.

—스티브 챈들러(Steve Chandler)

해야 할 것을 항상 쉽게 생각하라. 그러면 그렇게 될 것이다.

—에밀 쿠(Emile Coue), 심리학자이자 철학자

태도가 선택에 의해 만들어지는 것이라는 사실을 알면, 사람은 자신의 태도를 더 능숙하게 통제할 수 있다. 이는 감정이 생각에서 비롯되기 때문이다. 생각을 의식적으로 바꾸면 감정도 바꿀 수 있게 된다. 간혹 이것을 용이하게 해주는 코치가 필요할지도 모르지만 내면에서 비롯되는 태도를 지켜보는 데 능숙해지면 이에 대한 결과도 좋아진다. 기분이란 결국 전방에 있는 태도를 지원하는 후방의 배경이라고 할 수 있다.

사람들은 어떤 특정한 생각에 빠져 자신이 어떻게 느끼는지 감지하면 그 기분을 연장한다. 기분은 우리의 에너지를 결정하는 상태라고 할 수 있으며, 생화학과 관련되어 있기 때문에 과거의 사건에 대한 기억에 의해 채색된다. 나는 기분을 사람들의 생각과 감정의 배경이라고 생각한다. 이는 우리가 삶을 어떻게 인식하는가에 있어서 많은 영향을 끼친다. 기분이 나쁠 때, 우리는 불안정해지고 창의력이 떨어진다. 조지 프랜스키는 '기분은 인생의 경험에 새겨진 관점을 계속 변화시킨다. 삶에 대한 우리의 생각과 견해는 기분의 변화 작용에 의한 것이다. 기분이 좋을 때 우리의 생각도 더 긍정적이고 마음도 가벼워지며 현명해진다.'라고 강조한다.

기분이 우울해지면 자연스럽게 인생 경험도 뒤틀어진다. 이렇게 되면 중립적인 관점에서 볼 수 있는 일도 부정적으로 바라보게 된다. 기분이 우울한 사람은 뇌에서 잘못된 정보를 받는다. 우울한 기분은 무겁고 심각하며, 절박함이나 습관화된 생각으로 짜여 있다. 기분은 의식의 상태가 변형된 것이라고 할 수 있는데, 이는 우리의 자연스런 상태가 행복한 상태이기 때문이다. 경험이 많은 리더는 대부분의 갈등이 우울한 기분을 느낄 때 일어난다는 것을 오랜 경험을 통해 잘 알고 있다.

리더가 이해하는 태도를 가지면, 갈등의 에너지를 자발적인 에너지로 변화시킬 수 있다. 활기가 넘치는 리더는 사람들의 에너지도 고조시킨다. 고조된 기분은 광대하고 끝없어 보이는 여유 있고 창조적인 생각을 낳는다.

리더는 직장 환경이 태도를 형성한다는 것도 잘 알고 있다. 직원들이 도움을 받고 격려를 받을 때, 마음이 긍정적으로 영향을 받아 성취와 성공을 부르는 유익한 태도를 형성하게 되는 것이다. 이는 왜 리더십이 긍정적인 문화 환경을 형성하는 데 많은 영향을 끼치는지를 설명해 준다. 긍정적인 문화 환경에서는 긍정적인 태도가 기준이 된다.

이렇게 리더의 태도는 사람들과 조직을 이끌 때 큰 영향력을 발휘한다. 리더의 역할은 분명한 메시지를 주고받고, 아이디어를 전달하는 것도 포함한다. 이 메시지는 부하 직원과 생산자들이 자신들이 누구인가를 말해주기도 한다. 리더의 태도가 다른 사람들의 태도에 영향을 미치므로 조직의 나아갈 방향에도 영향을 미친다.

기분과 태도는 이렇게 상호 연관되어 있어 태도는 비슷한 종류인 행복감을 조종하는 역할을 하기도 한다. 우리는 개인의 관점을 통해 자신의 현실을 선택한다. 이 선택에 따라 모든 것이 달라진다. 왜냐하면 우리는 우리 자신의 마음을 프로그램 함으로써, 원하는 것을 만들어낼 능력을 갖고 있기 때문이다.

태도의 변화는 사실상 관점의 변화라고 할 수 있다. 에너지가 넘치는 태도는 우리가 가져오는 결과에 영향을 미치고 우리가 만들어내는 삶을 증진시킨다. 태도를 고양시킴으로써 우리가 만들어내고 경험하는 것에 대해 실제로 영향력을 발휘할 수 있다는 것을 깨달을 때 이는 매우 즐거운 일이 된다. 태도는 놀라운 효과와 매우 큰 잠재력을 갖고 있어서 사람들이 헌신적으로 전념하도록 하여 새로운 것을 창조할 수 있게 한다.

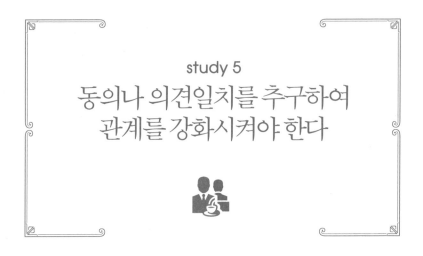

study 5
동의나 의견일치를 추구하여 관계를 강화시켜야 한다

문제의 해결은 문제가 만들어진 것과 동일한 수준에서는 결코 이루어지지 않는다.

—앨버트 아인슈타인(Albert Einstein)

사람들은 현실에 대해 모두 다르게 인식을 하므로 세계와 사건에 대해 각자 다른 견해를 갖고 있다. 따라서 견해들은 하나의 의견에 지나지 않는 경우가 많다. 사람들이 다른 견해만을 추구한다면 협력 정신을 침식하는 파괴적인 습관이 될 수 있다.

유능한 리더는 훌륭한 협상가이기도 하다. 이들은 낙천적이고 동의를 추구한다. 그리고 중립적인 의견을 개방적인 것으로 이해한다. 능숙한 협상은 반대편의 저항과 비판을 드러내도록 하여 그것을 검토한다. 종종 반대의 의견이 받아들여져서 결론에 이르게 될 수도 있다. 중립적이라는 것은 서로가 원원의 결과를 가져왔을 때를 말한다.

리더는 비즈니스 과정에서 의견의 불일치가 사람들의 의욕을 잃게 해서 노력을 손상시킨다는 것을 잘 안다. 사람들은 이 과정에서 균형을 잃게 된다. 지나친 의견 차이는 방어적인 태도, 분열, 불화를 야기한다. 동의가 헛된 노력이라는 것이 감지될 때 분위기는 의사소통에 찬물을 끼얹는다. 의견불일치는 적대감을 형성하지만 동의는 팀워크와 결속력, 활력과 동기를 부여해 준다.

유능한 리더는 동의를 추구하는 것만큼 사람들에게 기운을 불어넣고 안심시키는 방법이 없다는 것을 잘 안다. 의견이 일치되면 신뢰와 친밀감이 형성된다. 리더는 부하 직원들 사이의 커뮤니케이션을 활성화시켜 차이를 누그러뜨리고 동의를 추구한다. 유능한 리더와 교류하는 사람들은 자신의 이야기가 경청되고 가치를 인정받으며 지원받고 있다는 것을 느낀다.

리더는 사람들이 말하고 표현하는 것의 의미와 가치에도 귀를 기울인다. 진정한 리더는 사람들이 합의에 이를 수 있도록 회의의 분위기를 잡아 나간다. 그리고 사람들이 적극적으로 참여하도록 장려하기 때문에 회의의 결과에 극적으로 영향을 미친다. 사람들은 참여가 자신이 가치를 높여준다고 느낀다. 회의 중에 다른 사람들의 견해를 분석하고 의견에 대해 토론하며, 문제를 검토하는 것에 잘못된 것은 없다. 그러나 중요한 것은 때때로 견해에 차이가 있는 문제에 참여하고, 존중하는 태도를 유지하며, 동의에 이르도록 커뮤니케이션의 분위기를 조성하는 것은 유능한 리더의 방식이다.

커뮤니케이션이 뛰어난 리더는 동의나 의견일치를 추구하여 관계를 강화시킨다. 또한 동의를 추구하는 것은 비즈니스 관계를 만족스럽게 하여 서로에게 혜택이 돌아가도록 한다.

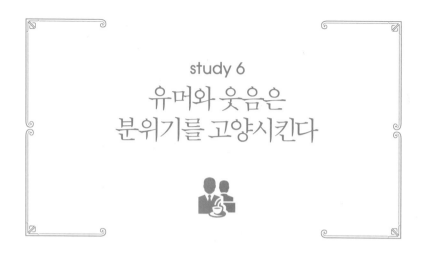

study 6
유머와 웃음은
분위기를 고양시킨다

웃음은 두 사람 사이의 거리를 가장 가깝게 만든다.

—비터 보지(Victor Borge), 음악가, 유머작가

유머 감각은 타고난 리더십을 바탕으로 길러 나가는 것이다.

—이레인 에거서(Elaine Agather), JP 모건 체이서의 CEO

리더는 유머를 즐길 줄 안다. 누군가가 웃을 때는 화를 내기 어렵다는 것을 우리는 잘 알고 있다. 웃음은 긴장을 풀어주는데 그 이유는 간단하다. 사람들이 웃을 때는 지나간 사실에 대해 걱정하거나 미

래에 대한 추측으로 스트레스 받지 않기 때문이다. 우리가 웃을 때는 온전히 현재의 순간을 기뻐하고 있는 것이다. 웃는 중에는 말 그대로 부정적인 것, 공포, 화, 적개심이나 어떤 것을 느끼는 것이 불가능하다. 웃음은 즐겁고 기분을 고양시켜 준다.

내가 참석한 리더십 회의에서 기조 연설자가 청중들에게 다음과 같이 물었다.

"스트레스를 풀어주는 가장 좋은 것이 무엇일까요?"

응답자들의 대답 중에는 운동이나 음식, 명상, 애완동물과 놀기, 휴식, 알코올, 잠, 독서, 가족과 시간 보내기, 섹스 등이 있었다. 놀라운 것은 단 한 사람도 옳은 대답을 하지 않았다는 것이다. 그것은 바로 웃음이다.

웃음은 가장 효과적으로 스트레스를 날려버린다. 웃음은 무의식 중에 순간적으로 자유롭게 나온다. 웃음은 끝없이 나올 수 있으며 매번 효과가 있다. 그리고 사람들을 서로 결속시켜 주며 감정의 방해 없이 사물을 똑바로 보게 해준다. 효과적인 커뮤니케이션도 촉진한다.

비즈니스 환경에서 유머와 웃음이 많으면 모든 사람들의 기분이 고조된다. 웃음은 기분 좋은 활기를 불어넣고 좋은 비즈니스 관계를 맺게 해준다.

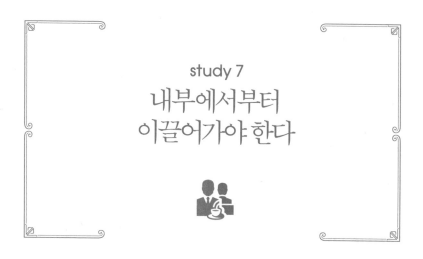

study 7
내부에서부터
이끌어가야 한다

리더의 자격을 고수하면 리더의 자격을 이해하는 모든 사람들을 감시하거나 평가, 수정이나 통제를 하지 않고도, 그들에게 행동할 수 있는 권한을 주는 것이다.

—스티븐 코비(Stephen R. Covey)

세상에 일어나기를 바라는 변화가 자기 자신이 될 수 있도록 노력하라.

—간디

리더가 되어라. 당신의 존재감이 바로 리더십이다. 사람들은 리더로서 당신의 자질에 반응한다. 그들은 리더의 권위가 확실할 때 말을 따른다. 그리고 리더를 따를 때 그를 신뢰한다는 것을 보여 주는 것이다. 그들은 리더의 자격과 가치, 행동이 더 좋은 선의 결과를 낳을 때 믿고 따른다.

사람들은 자신이 존경하는 리더를 믿고 따른다. 그러면서 리더가 뜻하고 의도하는 바를 존중한다. 리더는 살아 있는 본보기이자 롤 모델이 된다. 이것의 본질은 진정한 리더십이다.

리더는 솔직하고 꾸준한 리더십을 보여 줄 때 조직을 변화시킨다. 변화는 내부에서 시작된다. 내부에서 시작하라.

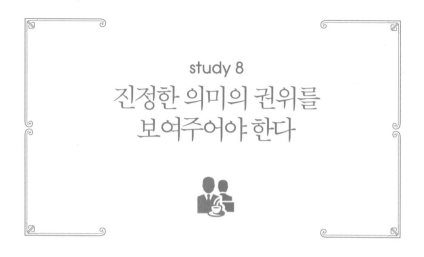

진정한 의미의 권위를
보여주어야 한다

자신을 믿으면 다른 사람을 확신시킬 필요가 없다. 자신에게 만족하기 때문에 다른 사람의 승인이 필요하지 않는 것이다. 자신을 받아들이면 세상 전체가 자신을 받아들인다.

―도덕경

다음과 같은 표현이 있다.

"경영은 일을 바르게 하는 것이며, 리더십은 바른 것을 행하는 것이다."

외양에 신경을 쓰는 것은 성실해 보이지 않고 진정한 리더십의 반대라고 할 수 있다. 아무리 미묘하다고 하지만, 부하 직원들이 겉모습에 신경을 쓰는 리더를 보면 불성실해 보이고 불편해질 것이다. 리더 역시 이런 메시지를 보내고 싶지는 않을 것이다.

'나는 일을 옳게 하는 것보다 동료들에게 어떻게 보이는가에 더 관심이 많다.'

사람들은 승인을 받고자 할 때, 내면의 확신보다는 외양에 더 신경을 쓴다. 리더의 지위에 있는 사람이 자신이 '충분하지 않다'고 느낄 때, 다른 사람들의 승인이 필요하다는 것을 무의식적으로 드러낸다. 이는 건강한 자부심이 아니다. 훌륭한 리더는 관심과 찬사를 받기 위해 '겉모습'에 의존하지 않는다.

외양에 영합하는 것은 진정한 리더십이 아니다. 왜냐하면 이는 어떤 진실한 것에도 바탕을 두고 있지 않기 때문이다. 승인과 인정을 받고자 할 때는 우리가 불안함을 느끼고 있기 때문이다. 좋은 외양을 추구하기보다는 사랑스런 존재가 되는 것이 더 많은 충족감을 안겨 준다.

이런 기술을 '정서적 독립'이라고 말할 수 있다. 다른 사람들이 나를 어떻게 여기고 그들이 무엇을 선택하는지는 내가 누구인가 하는 것과는 아무런 관계가 없다. 내가 여기 없어도 그들은 똑같이 행동할 것이다. 다른 관점으로 얘기하면, 당신이 옳은 일을 하고 있으면 그 행위는 확실히 자신의 발전을 가져올 것이다. 왜냐하면 거기에는 진실성이 담겨 있기 때문이다. 유능한 리더십으로 당신도 그렇게 될 수 있다.

모든 리더들이 언젠가는 어렵고 복잡한 결정을 해야 할 순간을 맞이한다. 유능한 리더는 복잡함 속에서도 옳은 과정을 선택한다. 가끔 직관이 그 역할을 하는 경우도 있다.

진정한 리더십은 자신에 대한 견실한 이해에서 비롯된다. 이들은 외모에 의존하지 않고 무엇이 최선인지에 대해 현명함으로 위험을 줄이고 어려운 문제를 해결한다.

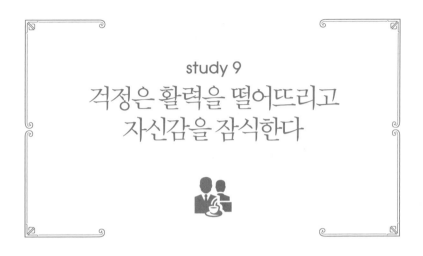

study 9
걱정은 활력을 떨어뜨리고
자신감을 잠식한다

위대함은 상황의 기능이 아니다. 그것은 의식적으로 선택하는 것이다.

—짐 콜린스(Jim Collins), '좋은 기업을 넘어 위대한 기업으로'의 저자

    사람들이 어려움에 대해 걱정스럽게 반응한다면, 그들의 집중력과 목적의식은 반감되고 분산된다. 걱정하는 반응은 활력을 떨어뜨리고 자신감을 잠식한다.

    걱정을 선택하는 것은 자신에게 권한을 부여하지 않는 행위이며, 작업과정과 흐름을 관리하는 더 좋은 방법이 있기 마련이다. 따라서 생각을 전환해 문제는 도전할 가치가 있는 것이며, 이를 더 잘 다룰

수 있는 행동 계획을 세워 해결하려고 노력하라.

틀을 다시 짠다는 것은, 우리가 문제를, 하나의 풀어야 할 도전이나 퍼즐로 인식하고자 하는 새로운 견해를 발전시킨다. 문제의 조각들을 추려내어 다루는 것은 흥미로울 뿐 아니라 보람도 있다. 어려운 문제를 하나씩 뜯어보는 것은 정말로 해결에 도움이 된다. 높은 동기부여를 통해 어려움을 받아들이는 것은 활력과 창의력을 활용하는 것이기도 하다. 걱정과 그 비슷한 불안과 두려움, 의심의 상태에 머무는 것은, 활력과 창의력의 원천인 사람들의 상상력을 고갈시키는 것이다.

리더들은 천성적으로 자신의 관점을 넓히고 선택지들을 늘려 나간다. 어려움을, 풀어야 할 퍼즐로 생각하면 집중해서 재미있게 풀 수 있다. 걱정으로는 절대 퍼즐을 풀 수 없는 것이다.

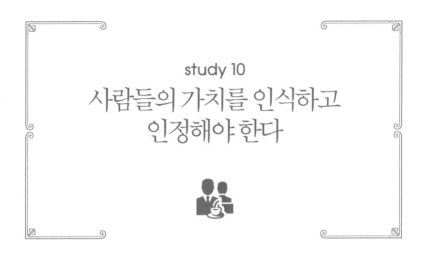

study 10
사람들의 가치를 인식하고 인정해야 한다

마음이 따뜻해지고 두뇌가 더 빨라지고, 정신이 현재의 문제에 관심을 갖기 시작했다면 삶은 발전하고 있는 것이다.

—존 러스킨(John Ruskin, 1819~1900), 작가, 시인, 아티스트이자 예술비평가

유능한 리더는 사람들을 돕는 비즈니스 환경을 만든다. 몸소 친절함을 행하고 사람들의 복지에 관심을 보이는 리더는 놀라운 성과를 이루도록 촉진한다. 리더의 친절함은 조직 문화 전체에 스며든다.

구조조정이나 기술의 발전은 스트레스를 유발시키는 현대의 비즈니스 환경을 만들었다. 높은 성과, 정확성, 능숙한 일처리, 탁월함

등이 항상 성공적인 조직의 속성이었지만, 이 모든 것들을 위한 시간도 극도로 짧아졌다.

사람들은 노트북이나 휴대폰, 이메일, 손에 쏙 들어오는 컴퓨터, 즉석으로 보내는 문자 메시지, 많은 PDF 파일, 실시간 커뮤니케이션 등과 같은 첨단제품을 따라가기 위해 힘겹게 질주하고 있다. 이런 끊임없는 자극은 꾸준히 새로 투입되어 마음을 무겁게 만든다. 휴대용 통신장비로 인해 사람들은 항상 일하고 있고 휴식이 없다고 느낀다. 이들은 빠르게 돌아가는 여러 개의 데드라인에 맞춰야 하는 전자적인 작업 생활에 정복당한 듯한 느낌을 받는다. 그러면서도 다른 한편으로는 경쟁적으로 다양하게 출시되는 통신장비에 많은 시간과 노력을 쏟아 붓는다. 기술의 속도를 따라가야 한다는 생각은 심신의 소모를 가져오고 궁극적으로는 생산성을 떨어뜨린다.

사람들이 일에서 질이 높은 결정을 내리기 위해서는, 정보에 집중하여 그 의미를 이해하고 처리하는 데 적절한 시간을 들여야 한다. 지나치게 과중한 양의 정보에 눌려 있을 때 사람들은 점점 다가가기 어렵게 되는 경향이 있다. 또한 시간과 에너지에 굶주려 있는 사람은 기술적인 효율성에도 불구하고 최적의 결과를 내기 어렵다.

정보기술은 기획 말미 단계에서 효율성을 높이지만, 인간이 하는 기획과 실행은 초기 단계에 이루어져야 한다. 지원적인 비즈니스 문화를 만드는 리더는 기술의 속도에 어려움을 겪고 반발하는 사람들의 분위기도 파악해야 한다. 이런 전자적인 효율성이 사람들의 창조적인 기획과 사고의 힘을 대신해서는 안 된다.

리더가 공감하고 돕는 비즈니스 문화를 만들 때, 직장 내의 스트레스에 대한 강력한 해독제가 될 수 있다. 리더나 동료가 지원하고 있다는 것을 느낄 때 오늘날의 비인간적일 수 있는 비즈니스 성격과 균형을 이룰 수 있는 것이다. 사람들은 진정한 관심을 받을 때 자신의 가치를 느끼고 활력이 넘치며 창조적으로 될 수 있다. 격려와 염려는 자동화된 첨단기술의 직장에서 인간의 내면을 지탱해준다.

보살펴주는 리더는 작업 결과가 그것을 수행하는 사람들의 가치보다 더 중요하다는 잘못된 생각을 하지 않는다. 리더는 작업과정과 시스템, 생산성과 수익 같은 것을 관리할 필요가 있지만, 탁월한 리더는 사람들의 가치를 인식하고 인정한다. 이들은 사람들이 생산의 원천임을 잘 알고 있다. 비즈니스 친화적인 문화를 보급하는 리더는 현대의 비즈니스 환경에서 기술의 진보에 의해 발생하는 스트레스에 효과적인 해독제를 갖고 있는 것이다.

'정상에서는 외롭다.'는 말은 항상 이해하기가 어려웠다. 내가 아는 리더들 대부분이 따뜻하고 다가가기 쉽고, 균형이 잡혀 있고, 명랑하고 상냥했다. 그들은 진정으로 부하 직원들의 행복에 관심을 갖고 있었다. 지원하고 육성하는 비즈니스 문화를 만드는 리더는 기술과 함께 생산성에도 상당히 기여한다.

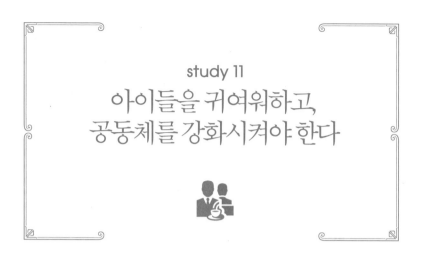

study 11
아이들을 귀여워하고,
공동체를 강화시켜야 한다

한 명의 아이도 지금 돌아가고 있는 우주 전체의 존재에 대한 충분한 이유가 있다. 그리고 그 존재의 끝이 뭐가 될지는 아직 아무도 모르는 문제로 남아 있다.

—손톤 월더(Thornton Wilder), 극작가

아이들은 인간의 가능성을 반영하고 구현한다. 이들은 지구촌 전체의 미래를 나타낸다.

온정적인 리더는 직원들의 삶에서 가족과 아이들이 차지하는 중요한 역할을 잘 이해한다. 많은 사람들은 삶과 생계가 서로 복잡하게 얽혀 있어서 개인 생활과 일 사이에서 균형을 유지하는 것을 어렵게 느낀다.

리더들은 가족에 대해 염려하는 마음을 보여줌으로써 직원들과 깊은 연대를 가질 수 있다. 회사의 문화를 강화하는 데 있어, 유능한 리더는 조직을 공동체와 같은 형태로 변환시킨다. 비즈니스 공동체가 이루어지면 이번에는 공동체가 모든 공동체의 가장 기본이라고 할 수 있는 가족을 돌본다.

리더와 비즈니스 조직은 가족 공동체를 지원하고 연결될 수 있는 기회들을 항상 갖고 있다. 즉 아이들과 가족을 보조하는 단체나 조직을 지원하는 것이다.

지역 공동체의 자선활동에 참여하는 것도 일하는 사람들의 공감을 얻을 수 있는데, 사람은 누구나 아이들을 위해 조언하고 도와주는 것을 좋아하기 때문이다. 자원봉사자들도 아이들을 좋아하고 이런 일에 보람을 느끼므로 열심히 전념한다. 이런 일은 직원과 가족, 공동체 모두를 활기차게 하고 그들의 열정을 다시 불타게 한다.

비즈니스가 아이들, 특히 사회의 혜택을 받지 못하거나 경제적으로 어려움을 겪는 아이들을 위한 자선활동을 할 때 사람들은 회사에 더욱 충실해진다.

아이들을 위해 일하는 사람들은 이보다 더 보람 있는 일이 없다는 것을 잘 안다. 즐겁고 감사해하는 아이들의 얼굴을 보기만 해도 삶

자체에 대한 애정이 솟아나기 때문이다. 아이들을 위해 일하는 것은 우리에게서 최상의 것, 즉 가장 깊은 목적의식을 이끌어낸다. 아이들에 대한 사랑이 비즈니스 조직 전체에 흐를 때 사람들 사이에는 강력한 결속력이 형성된다.

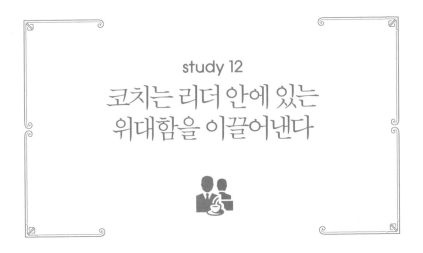

코치는 리더 안에 있는 위대함을 이끌어낸다

누군가를 지도한다는 것은, 고객들이 자신의 열망을 실현시키는 전략을 짤 수 있는, 자신도 모르는 자원을 소유하고 있다는 전제를 가정하는 것이다. 중요한 것은 현재와 미래에 있다. 지도하는 것은 고객이 자신의 지혜와 창의력을 발견할 수 있도록 해주고, 그들의 꿈과 현실 사이의 차이를 메워주려는 것이다.

—나다니엘 브랜든(Nathaniel Branden), 심리학자, 작가이자 자긍심 협회의 설립자

인생에서 가장 필요한 것은 우리가 할 수 있는 것을 하게 해주는 누군가를 발견하는 것이다.

—랄프 왈도 에머슨(Ralph Waldo Emerson)

비즈니스에 있어서 지도는 효과적이고 강력하다. 왜냐하면 성과와 숫자의 세계인 스포츠에서 비롯되었기 때문이다. 비즈니스 또한 숫자를 늘리고 팀을 발전시키고 비전과 게임을 통해 단계적으로 성공에 이르기를 원한다. 스포츠에서의 코치는, 좋은 지도가 비즈니스 조직과 리더에게 얼마나 좋은 효과가 있는지 좋은 본보기가 된다.

이 책을 읽는 리더들에게도 조언자를 두기를 진심으로 권장한다. 산업계의 가장 훌륭한 코치도 자신을 위한 코치를 두고 있다. 내 개인 코치인 스티브 챈들러에게도 훌륭한 코치인 스티브 하디슨이라는 사람이 있다. 코치를 두면 자신의 관점과 기술을 계속 발전시킬 수 있다. 코치들은 사람들의 잠재력을 일깨워주고 리더십 능력을 보완해 개인적, 직업적 열망이 조화를 이루도록 도와준다.

코치에게 지도를 받으면 리더는 더 넓은 시야를 갖게 되어 선택할 수 있는 기회가 많아진다. 유능한 코치는 급변하는 비즈니스 환경에서 놓치기 쉬운 잠재력을 찾아내는 경우가 많다. 이들은 고객의 내면 세계에 영감을 주는 공명판과도 같은 역할을 하며, 외부 세계의 변화를 헤쳐 나가도록 도와준다.

코치는 리더 안에 있는 위대함을 이끌어낸다. 또한 유능한 코치는 독특한 질문을 하거나 시기적절하게 개입해 개인이 자아를 발견하는 데에도 도움을 준다. 그리고 리더들이 현재의 한계를 극복하고 어떤 장애나 어려움도 넘어서도록 도와준다. 나는 코칭 작업을 '리더십의 연금술'이라고 부르는데, 코치들이 우리가 어떤 사람이 될 수 있는지 청사진을 보여 주기 때문이다. 리더들은 코치에 이끌려 향상시킬 수 있는 뛰어난 잠재력을 많이 갖고 있다. 유능한 코치는 자신의 고객에게 스스로 개척해가는 삶을 살 수 있도록 도와준다.

유능한 리더는 자기 자신을 지도함으로써 유능한 조언자가 된다. 이를 통해 리더는 팀의 잠재력을 이끌어내고 더 큰 성공으로 이끈다. 또한 조직을 스포츠 팀처럼 기술을 향상시키고, 수치를 늘리고 임무를 진전시켜 앞으로 나아가게 한다.

최근의 조사에 따르면 오늘날 비즈니스 리더의 70퍼센트가 직업적 성공과 개인의 만족감 달성을 위해 코치에게 지도를 받는다고 한다. 이를 통해 자신의 힘으로 달성할 수 있는 것보다 훨씬 더 많은 것들을 성취한다. 훌륭한 선수와 배우, 댄서와 음악가들도 모두 코치를 활용한다. 좋은 리더들도 마찬가지다.

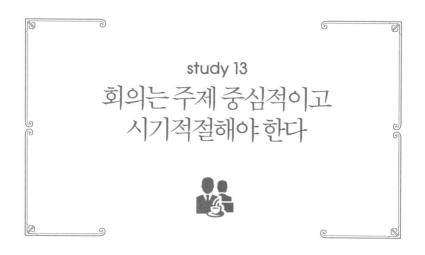

study 13
회의는 주제 중심적이고
시기적절해야 한다

계획은 쓸모가 없지만 기획은 무척 가치가 크다.

—피터 드러커(Peter Drucker)

명확한 목적이 없는 회의는 시간을 낭비하고 직원들의 사기를 떨어뜨린다. 회의는 자극이 되고 관련성이 있으며, 교육적이거나 주제 중심적이고 시기적절해야 한다. 이것은 제작회의나 직원 연수 같은 반복적인 정보 회의에도 해당된다.

잘 편성된 내용과 구성, 그리고 잘 준비된 주제가 있는 회의를 만들려면 의사일정을 인쇄해서 제공하라. 문서화된 의사일정은 참가자들에게 그 회의가 중요하며 잘 생각해서 조심스럽게 계획되었고, 리더 또한 그 회의를 이끌 준비가 되어 있다는 신호를 주게 된다.

여기에 성공적인 회의를 위한 '12가지 법칙'을 제시한다.

1. 사람들이 깨어 있고 주목할 때 회의를 개최하라. 사람들의 활력이 낮을 때인 늦은 시간에는 피하라.

2. 5분의 휴식시간을 적어도 한 번 제공하여 참가자들이 스트레칭이나 커피 리필, 간식을 챙겨 먹거나 화장실을 이용할 시간을 주어라. 직원들은 자신의 몸과 마음의 한계를 존중하는 휴식시간에 감사해할 것이다.

3. 적절한 조명과 통풍, 에어컨이 있는 방에서 회의를 하라. 참가자들이 오랫동안 움직이지 않고 앉아 있어야 하는데, 신선하지 않은 공기로 숨 막히는 방에서는 곤란하다.

4. 가끔은 업무 현장에서 벗어나 약간의 변화를 느낄 수 있는 커피숍이나 레스토랑에서 해도 좋다. 이렇게 하면 참가자들이 귀한 대접을 받고 있다는 느낌을 갖게 된다.

5. 업무 현장에서 회의를 할 때는 회의장의 문을 닫고 다른 경영자나 부서 혹은 운영 팀이 방해하지 못하도록 하라. 회의가 중요하다고 분위기를 잡으면 다른 사람들도 그렇게 여길 것이다.

6. 항상 인사와 함께 참가자들을 확인하는 것으로 회의를 시작하라. 첫 번째 회의 주제로 곧바로 진행하는 것은 인간적 접촉이 없는 비인간적인 '기술'이다. 이렇게 시작하면 참가자들이 회의 진행자와 친밀감을 느끼지 못한다.

7. 적절할 때 유머와 재치를 섞어라. 유머는 회의라 하여 다 심각한 비즈니스가 아니라는 것을 알게 해주어 사람들과 리더를 가깝게 해준다. 지나치게 심각한 회의는 사기를 떨어뜨릴 수 있다. 사람들은 영광스런 참가자로 대접받는 것을 감사해할 것이다. 그들도 가벼운 유머에 긍정적으로 반응할 것이다.

8. 주제가 여러 가지일 때는 회의도 하나 이상이 되도록 하고, 한 사람 이상이 진행하도록 하라. 그렇게 하면 각각의 회의 속도나 분위기가 달라진다. 가령, 같은 날 한 시간짜리 회의가 네 개 있는 것이 네 시간짜리 회의가 하나 있는 것보다 더 효과적이다. 참가자들은 더 많은 정보를 흡수하고 보유할 수 있다.

9. 가벼운 다과를 제공하라. 커피나 차, 미네랄워터나 다른 음료, 과일이나 몸에 좋은 과자를 무료로 제공하면 사람들이 대접받고 있다고 느끼게 된다.

10. 파워포인트 프레젠테이션만 사용하지 말라. 슬라이드도 정보 공유에 아주 좋다. 하지만 회의 진행자는 내용을 서로 이야기하고 견해를 밝힐 수 있는 시간을 만들어야 한다. 여러 가지 데이터와 통계자료가 활발한 대화와 섞일 때 균형 잡힌 회의가 된다. 기술과 인간미를 혼합하라.

11. 질문과 대답하는 시간을 제공하라. 특히 새로운 자료를 제시할 때 더욱 그런 시간이 필요하다.

12. 시작한 방법과 똑같이 회의를 마쳐라. 예를 들면, 참가자들이 무엇을 배웠고, 무엇이 좋았으며, 앞으로 어떤 것이 더 나은 방법, 혹은 다르게 발표될 수 있을지, 혹은 내용을 요약하게 하거나 회의 진행자에게 도움이 되는 피드백을 요청하도록 할 수 있다. 회의 참석자들이 자신의 의견을 피력할 수 있도록 하면, 이들의 관계가 깊어지고 사기가 올라가며 다음 회의가 자리 잡을 수 있도록 동기를 부여하는 역할을 한다.

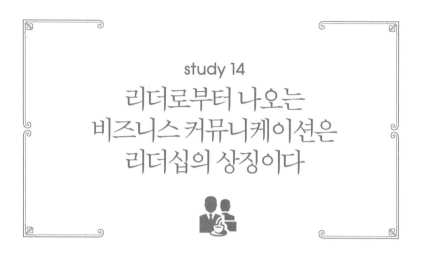

study 14
리더로부터 나오는
비즈니스 커뮤니케이션은
리더십의 상징이다

리더는 개방된 곳에서 일하고 보스는 은밀한 곳에서 일한다. 리더는 이끌지
만 보스는 몰아간다.

—시어도어 루즈벨트(Theodore Roosevelt)

리더십은 팀의 비전을 이야기하며 자기 자신을 드러낸다. 그리고
리더는 소통한다. 이것이 리더들이 주로 하는 일이다. 하나의 단순
한 행동도 리더에 대해 많은 것을 말해 주는데, 그것은 리더십이 무
엇을 어떻게 소통하는가를 통해 드러나기 때문이다.

따라서 좋은 리더는 리더에게 어울리는 스타일로 분명히 표현하려고 노력한다. 모든 비즈니스 환경에서, 구어나 문어에 상관없이 올바른 문법과 전문적인 언어를 사용하려고 한다.

분명한 생각과 좋은 소통은 함께 한다. 실수나 오해, 오인의 여지가 없게 적절한 방식으로 쓰고 말하라. 리더의 커뮤니케이션은 분명한 내용과 상황에 맞는 의미를 갖고 있다. 효과적인 커뮤니케이션은 리더에게 어울리는 방식을 명확히 드러낸다.

리더의 커뮤니케이션은 교육수준, 품위, 호의가 드러나야 한다. 리더의 지위에 있는 사람은 커뮤니케이션을 통해 자신의 기준을 높게 설정할 수 있다. 이 기준은 조직 전체, 특히 중간 관리자들에게 리더의 커뮤니케이션과 표현의 명확성에 대한 상징이 되기도 한다. 또한 뛰어난 커뮤니케이션은 문화를 이루는 기본 바탕이 된다.

효과적인 언어 사용은 입증된 리더십 기술이다. 리더로부터 나오는 비즈니스 커뮤니케이션은 리더십의 상징이자 비즈니스 조직에 긍정적인 영향을 준다.

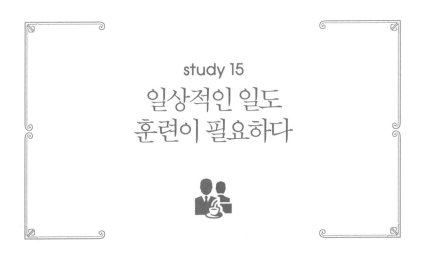

study 15
일상적인 일도
훈련이 필요하다

목표를 세우고 그것을 성취하는 습관을 가질 때 성공의 반은 얻은 것이다. 아무리 비천하고 지루한 일이라도 당신의 꿈을 이루는 데 더 가깝게 다가서 도록 해준다는 것을 확신하면서 매일을 산다면 가장 지루한 허드렛일도 견 딜 수 있게 된다.

—오그 만디노(Og Mandino, 1923~1996), 작가이자 동기부여 연설자

훈련은 당신이 원하는 것을 기억하는 것이다.

—데이비드 담밸(David Dampbell), 삭스 5번가의 설립자

사람들이 시간과 에너지, 노력을 어디에 쏟아야 할지 걱정한다면 그들은 훈련을 한 적이 없는 것이다. 사람들의 정신이 분산되어 있고 목적의식이 부족해 보이는 것은 그들에게 결함이 있거나 하찮기 때문이 아니다. 단지 훈련된 일이 없기 때문이다. 목적이 있는 일이 있으면 효과적인 활동을 통해 성취하기 시작한 것이나 다름없다. 훈련된 일은 사람들의 노력에 구조를 입히는 것이며 선택된 활동에 목표를 부여하는 것이다.

훈련이라는 말은 제자(disciple)라는 말에서 왔는데, 제자는 대의나 목표에 전념하는 사람을 뜻한다. 이들은 노력하고 행동에 옮기며, 기꺼이 탐험하고 학습한다.

스티븐 코비는 '리더의 자격 중심의 리더십'에서 멋진 비유를 들었는데, 비즈니스를 '농장 모델'에 비유했다. 그는 비즈니스를 하는 사람들이 무언가를 수확하고자 한다면, 작물에 있어서 토양처럼 먼저 경작되는 것이 있어야 한다고 한다. 땅은 갈아서 비료도 주고 물도 주어야 한다. 그런 다음에야 비로소 수확을 할 수 있는 것이다.

'하루나 일주일에 할 수 있는 일은 과대평가하기 쉽고 1년에 할 수 있는 일은 과소평가하기 쉽다.'는 격언처럼, 반복되는 일이 있는 제자는 시간이 지남에 따라 엄청난 결과를 이루어 낸다.

리더는 잘 조직된 반복 작업으로 노력하면 그 결과가 매우 강력하다는 것을 가르쳐야 한다. 훈련된 일은 업무 수행자가 일을 훌륭한

방식으로 하게 해주고, 생산적으로 하게 해주며, 걱정하지 않게 해
준다.

5장

용기 있는 리더
생각하는 리더

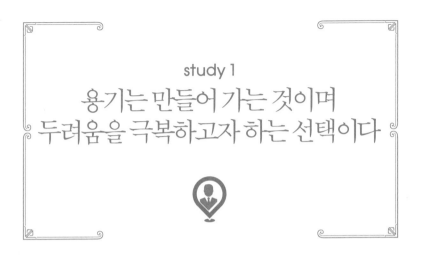

용기는 만들어 가는 것이며
두려움을 극복하고자 하는 선택이다

새로운 것을 받아들이기 위해, 익숙하고 안전해 보이는 것을 내놓는 데에는 많은 용기가 필요하다. 그러나 더 이상 의미가 없는 것은 그렇게 안전하지 않다. 오히려 신나고 모험적인 것이 더 안전하다. 왜냐하면 움직임 속에 삶이 있고 변화 속에 힘이 있기 때문이다.

—앨런 코헨(Alan Cohen)

종종 아주 큰 두려움이 가장 큰 자유를 가져온다. 현실은 우리의 적이 아니며, 우주는 친절하다.

—바이런 케이티(Byron Katie), '있는 그대로 사랑하기'의 저자

리더십 능력은 시간이 지남에 따라 발전한다. 능숙해지는 과정에서 리더는 자신의 기술을 연마하고 자신감과 능력을 키우며 용기를 기른다. 나는 개인적인 연구와 여행을 통해, 리더십에는 많은 단계의 의미가 있다는 것을 발견했다. 우리가 용기라고 부르는 자질은 높은 단계의 리더십과 의식적인 삶에 이르도록 해준다.

사람들이 성공의 다음 단계로 나아가는 것이 어렵다고 느끼는 것은 상상 속의 장애에 불과하다. 우리 대부분은 과거에 그럴 듯했던 것이 미래에도 그럴 것이라고 추측한다. 이것이 바로 제한된 신념이다. 사람들이 새롭고 바람직한 양질의 삶을 살 수 없게 하는 것은 바로 사람들이 일반적으로 갖고 있는 제한된 사고 때문이다.

용기는 이런 제한적인 사고를 찾아내고, 우리의 행동을 제한하는 신념에 도전하고, 내면에 있는 대본을 바꾸기로 선택하는 것이다. 용기는 새로운 관점을 갖기 위해 선택하는 행위이며, 의식 변화의 발단이 되는 매 순간의 선택이다. 그래서 용기는 내면의 커밍아웃과도 같다.

두려움과 용기 사이에는 신비로운 관계가 있다. 경험에 따르면, 내면의 변화가 일어나면 두려움은 물론 심지어 공포까지 같이 따른다. 의심과 걱정 혹은 혼란으로 가득 찬다. 그리고 우리에게는, 자신의 생각을 물어 보고, 무엇을 믿기로 했는지 점검해서 새로운 행동을 개시할 수 있는 선택이 주어진다. 그런데 의식적으로 선택을 하면 우리는 과거의 생각과 믿음으로부터 자유로워진다. 두려움이 있으면 그것을 초월할 수 있는 기회도 된다. 우리의 생각을 이해함으로써 진실에 대한 우리 내면의 잣대, 자신의 근원에 접근하게 되는 것이다. 용기는 새로운 것을 선택하는 행위이다.

용기는 타고나는 것이 아니다. 용기는 누군가의 소유물이나 특정 인물의 특성이 아니다. 용기는 만들어 가는 것이며 두려움을 극복하고자 하는 선택이다. 용기는 자기 존중의 선택을 통해 누구나 접근이 가능할 수도 있고, 그렇지 않을 수도 있다. 우리가 두려움을 초월하려 하거나 새로운 선택을 행동으로 옮기고자 하는 순간에 용기를 만들어 가려는 선택을 하는 것이다. 용기는 평화의 이름으로 자유를 선택하는 것이다. 용기는 만들어가는 것이며, '변화는 내면으로부터 시작한다.'는 것을 알려 주는 기본적인 지혜이다.

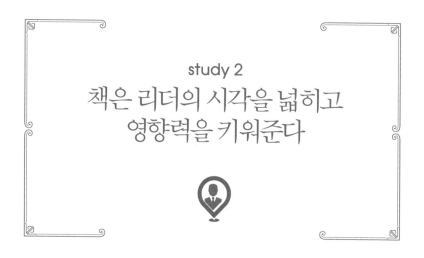

study 2
책은 리더의 시각을 넓히고
영향력을 키워준다

좋은 책은 오랜 친구와 같다.

—무명씨

한번은 한 중역의 코치가 다음과 같이 발표하는 것을 들었다.

"학교 졸업 후에 당신의 인생에 가장 큰 영향을 끼치는 두 가지는 당신이 사귀는 친구와 읽는 책이다."

이 말은 수년 동안 내 마음에 여운을 남겼다. 나의 경험과 성장, 배움의 아주 많은 부분은 영향력 있는 몇몇 사람들과 많은 영감을 준 책 덕분이다. 책은 재능이 있는 사람들이 자신이 익힌 것을 주제로 자신의 경험을 다른 사람들과 공유하기 위해 쓴 글이다.

리더는 마음과 가슴이 하나인 친구를 고르는 식별력이 있다. 그들은 공통의 관심과 명분으로 화합한다. 진정으로 활력이 넘치는 결속감은 마음의 공동체에서 탄생한다. 유능한 리더는 사람들의 마음에 영향력을 행사하여 확고한 관계를 발전시키고 연대를 형성하여 집단적 창의성과 지능을 개발해 간다. 이것은 거래 관계를 통해 알게 된 다른 사업이나 산업의 전문가들까지 포함할 수 있다. 공동체 조직도 지역에서 얻을 수 있는 또 다른 풍부한 자원이 된다.

내가 아는 대부분의 리더들은 비즈니스나 글로벌 마켓, 리더십과 경영에 관해 많은 독서를 한다. 좋은 책을 읽으면 원만해지는 것은 물론, 계속 학습하고자 하는 의욕이 생긴다.

책은 리더의 시각을 넓히고 영향력을 키워주는 역할을 한다. 저술가들은 각자의 분야에서 전문가들이다. 이는 저자가 자신의 성공 경험을 나누는, 경영과 마케팅에 관한 책도 마찬가지다. 오늘날에는 상상 가능한 어떤 주제에 관한 책도 아주 많이 나와 있다. 다양하게 구색을 갖춘 책들을 여러 가지 형태로 손쉽게 구할 수 있다. 전자책이나 오디오북과 같은 형태는 사람들의 선택의 폭을 넓혀 주며 인터넷에서 곧바로 다운로드할 수도 있다.

리더는 새로운 정보를 얻기 위해 여러 유형의 사람들, 각종 지식과 정보를 활용한다. 그들은 사람이나 좋은 책에서 발견한 전문가들의 생각으로 자신의 사고를 풍부하게 만들어 간다.

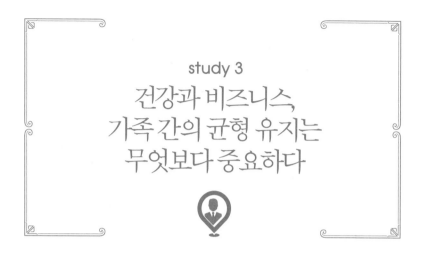

건강과 비즈니스,
가족 간의 균형 유지는
무엇보다 중요하다

무엇보다도 자기 자신에게 정직하도록 하라.

—윌리엄 세익스피어(William Shakespeare)

    때때로 우리는 자신을 특유의 자연적 리듬을 가진 살아 있는 존재로 보기보다 재충전이 필요한 기계처럼 취급한다. 레크리에이션이란 단어의 어근인 're—creation'을 자세히 들여다보라. 육성(nurturing)이나 레크리에이션은 '그냥 재미로' 뭔가를 하는(뭔가를 성취하기 위한 것이 아닌) 마음자세를 가리킨다. 놀 줄 아는 아이처럼, 우리도 정신 건강을 위해 필요한 것을 해야 한다. 이것은 '재창조(re—creation)'하는 시간을 말한다.

'몸과 영혼의 에너지 발전소'에서 토니 슈왈츠와 짐 로어는 좀 더 균형 잡히고 효율적인 삶을 사는 데 도움을 주기 위해 일에 지친 경영자에 대한 사례연구 결과를 제시했다. 이들 연구의 주안점은 활력을 유지시키는 것이었다.

이들은 몸에 더 좋은 음식을 추천하여 고객의 영양 상태를 개선시켰고, 다른 고객들에게는 규칙적인 운동요법을 소개했다. 때로는 가족과의 시간을, 부담이나 책임보다는 기쁨으로 여기도록 생각의 틀을 바꾸었고 20분의 낮잠이나, 점심식사 후의 짧은 공원산책 같은 작은 것들을 통해서도 리더들이 자연과 자신을 조화시키도록 했다.

현대 비즈니스에서 익숙한 주제는 중요한 일에 시간을 내는 것이다. 여기에는 양질의 명상시간이나 자기 육성 같은 것도 포함된다.

우리는 '자기 자신을 돌보라.'는 구절을 가끔씩 듣는다. 당신은 그러고 있는가? 리더가 균형이 잡혀 있을 때는 신체적, 정신적, 정서적, 영적으로 조화를 이루고 있다는 것을 의미한다. 리더들이 모든 단계에서 스스로 균형을 갖춘다면, 이들은 최상의 상태에 있는 것이다. 이들은 건강과 비즈니스, 가족 간의 균형을 유지하는 것이 중요하다는 것을 알고 있다. 이것은 삶과 생활, 생계를 유지하는데 있어서 필수적이다.

우리가 계속 활기에 차 있고 열정적인 리더로 남으려면, 먼저 균형 잡힌 사람이 되어야 한다. 마음과 몸, 정신이 모두 중요하다.

바쁘고 스케줄이 꽉 찬 생활에서 자기 자신을 돌보는 시간을 내는 데 효과적인 한 가지 방법이 있다. 특정한 활동을 기록하는 것이다. 운동이나 식사, 레크리에이션 같은 활동사항과 거기에 할당한 시간을 달력이나 일정표에 기록하고 충실하게 이행하라.

당신의 관심사에 적합하고 당신이 필요로 하는 것을 충족시켜 주는 '재미와 즐거움'의 목록을 만들어라. 이런 활동들은 즐거우며 자신을 육성하고 재생시켜 준다. 목록 작성 후에는 일주일에 적어도 두 개의 활동에 참가하도록 하라.

목록에는 다음과 같은 것을 쓸 수 있을 것이다.

'해변을 걷기', '공원에서 활기차게 걷기', '산이나 사막에 하이킹 가기', '맛있는 음식을 싸서 소풍가기', '낮 시간에 시내 가기', '마사지받기', '제일 좋아하는 부티크에 가서 쇼핑하기', '9홀 골프', '수영장 30바퀴 헤엄치기', '애완동물과 재미있는 시간 보내기', '테니스 배우기' 등이다.

이 외에도 선택할 수 있는 것은 많다. 가장 좋아하는 활동은 무엇인가? 즐거움을 위해 적당한 시간을 할애하는 것은 신체와 정신, 정서상의 건강과 균형에 지극히 중요하다.

자신의 행복을 위해 일주일에 적어도 두 번의 활동에 전념하는 것은 간단하면서도 효과적이다. '재미와 즐거움'에 있는 항목들은 자신의 갱생을 위해 할 수 있는 활동 중 상위의 우선순위에 들어가는 것이다. 이 활동들은 당신에게 신체적으로나 정신적으로 도움을 주고 지탱시켜 준다. 자신을 합당하게 돌보라. 자신이 가장 중요한 사람이다. 자기 육성 활동은 규칙적으로 이루어질 때, 자신을 존중하고 회복시키는 습관이 된다.

자기 자신 이 외에 다른 어느 누가 당신의 친절과 보살핌을 받을 가치가 있는가? 아무도 없다. 당신은 더 균형 잡히고 조화로워질 것이다. '재미와 즐거움'의 목록을 만들어 다른 사람들이 그 차이를 느끼게 하라.

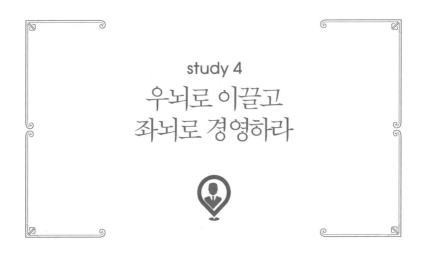

study 4
우뇌로 이끌고
좌뇌로 경영하라

피곤함의 정도가 심해지면 우리 삶도 어쩔 수 없이 멈추게 된다. 우리는 좀 더 높은 단계에서 온전히 편안함을 느끼며 살아야 한다.

—윌리엄 제임스(William James)

상상력이 초점을 벗어나 있으면 판단력에 의존할 수 없다.

—마크 트웨인(Mark Twain)

뇌의 두 반구는 마치 컴퓨터의 두 개의 큰 운영 시스템처럼 확연히 다른 기능을 수행한다.

왼쪽 뇌는 종종 '수호자 뇌'라고 불린다. 좌뇌는 분석 작업과 관련이 있으며 시간과 공간에 관한 것도 관장하므로 긴박감과도 관련이 있다. 어떤 연구자들은 좌뇌를 가리켜, 너무 많은 자극을 막아 주는 여과기 역할을 하여 우리가 균형과 정신을 온전하게 유지하도록 해주는 '부단히 경계하는' 뇌라고 했다. 좌뇌는 해결책과 선택지들을 점검한다. 좌뇌는 세상을 향하여 밖을 바라보며, 내용물을 살핀다.

우뇌는 '지혜로 가는 문'이라고 불리는데 아직 존재하지 않는 창조적이고 개념적인 것에 초점을 맞춘다. 우뇌의 창의성은 미래를 계획하고 만들어 가는 우리의 욕망을 만드는 데 일조한다. 우뇌는 내면을 향하여 개념상의 현실과 의미를 추구하는 것처럼 보인다. 우뇌는 전후관계를 살핀다.

리더는 주로 조직의 미래를 만들어 가는 데 책임이 있다. 그들의 비전은 우뇌에서 만들어지며 시간과 공간의 세계를 관장하는 좌뇌에서 기획을 통해 구체적인 모습을 드러낸다.

상상은 창조와 에너지의 강력한 원천이다. 우뇌는 내부의 훌륭한 원천으로부터 시간과 공간을 초월한 개념을 상상한다. 그 원천은 상상의 세계로, 꿈이 현실이 되는 자극의 원천이다. 양쪽 뇌를 다 사용하여 생각하는 리더는 '세속적인' 분석만을 하거나, 현실적이지 않은 창조적인 창작만을 통해서 생각을 처리하지 않는다. 그래서 '우뇌로 이끌고 좌뇌로 경영하라'는 것이다.

리더에게 양쪽의 뇌 기능은 귀중한 정보를 제공하는 역할을 한다. 리더는 좌뇌의 보호기능 중 하나인 습관적인 생각의 한계를 초월한다. 양쪽 뇌의 기능을 활용하는 것은 리더가 결정을 내리는 영역에서 모호성과 변덕을 피하는 데 도움을 준다. 리더는 두 가지 사고 단계를 '파헤침'으로써 풍부한 전략적 사고를 하게 된다. 큰 그림을 그리는 생각과 세부 사항에 엄격하게 주의를 기울이는 생각을 모두 갖추는 것은 리더십과 경영의 두 과정을 모두 지원해 준다. 현실적인 내용은 상황적 지혜와 합쳐져, 모든 의사결정과 뛰어난 리더십의 핵심인 실제적인 지식을 처리하게 된다.

단호하게
실행해야 한다

CEO가 조직에서 가장 중요한 이유는 일이 일어나도록 결정하는 역할을 하기 때문이다. 소위 뜨거운 자리에 있는 사람의 관점은 매우 중요하다.

—스티브 챈들러(Steve Chandler)

유능한 리더십은 선언과 효과적인 실행계획의 수립으로 구성된다. 리더는 자신의 능력으로 비전에서 실행계획에 이르기까지 가능성과 현실 사이의 다리를 이어 준다. 리더는 대안들을 검토하고 선택지들을 찾으며, 문제들을 다듬고 당장의 선택에 객관성을 부여한다. 훌륭한 기획도 실행계획이라고 할 수 있다. 실행계획에 전념하는 것이 유일하게 확실성을 높여준다.

리더의 비전은 회사의 미래가 된다. 리더는 성취되지 않은 것들이 성취될 수 있도록 한다. 그래서 리더십 비전은, 전력을 다해 여러 실행단계를 거치면 현실이 되는, 이른바 '만드는 현실'이라고 할 수 있다.

리더들은 강력한 선언을 통해 자신의 비전을 조직에 주입한다. 이렇게 성취 가능한 것을 선언함으로써 생각 속에 머물러 있던 비전을 실현할 수 있는 강력한 뒷받침이 마련된다. 선언의 한 예를 들면 다음과 같다.

'우리 회사의 강점은 우리 직원들입니다. 당신들이 가장 중요한 자원입니다.' 리더가 수사학적인 슬로건 대신에 대담하게 생생한 비전이 담긴 선언을 할 때, 회사와 미래를 위한 리더의 자격이 만들어진다.

가능성의 영역에서 나와 선언을 하고 단호하게 실행할 때 그 가능성은 항상 앞으로 나간다. 이는 변화를 유도하는 행동의 리더십이다. 리더는 실행계획에 전념함으로써 비전을 추진해 나간다. 그리고 기획과 실행, 비전과 행동은 리더의 능력이 시험을 받는 장이 된다.

study 6
창의적인 생각을 위한
최상의 방책

인생을 통해 우리가 하는 질문, 혹은 하지 않기로 한 질문만큼 우리의 삶을 형성하는 것은 없다.

—리처드 라이더(Richard Leider), '목적의식의 힘'의 저자

질문은 우리의 생각과 이해가 만나는 곳이다.

—바이런 케이티(Byron Katie), '있는 그대로 사랑하기'의 저자

일반적으로 사람들은 종종 샤워 중이거나 휴가 중에 최상의 아이디어를 얻는다고 한다. 왜냐하면 사람들은 샤워 중이나 휴가 중에 속도를 늦추며, 마음의 상태가 달라지기 때문이다.

무언가 만들어지고 생산성이 높아지는 것은 항상 현재의 순간에 무의식적으로 일어난다. 마음이 과거에 대한 실망이나 미래에 관한 걱정을 하고 있지 않을 때, 좀 더 높은 수준의 창조적인 마음이 내부로부터 나타나도록 '허락받는다.' 마음을 고요히 가라앉히면 독창성이 나타난다. 현재의 삶은 빠른 속도를 동반한다. 어떤 사람들은 계속적인 활동과 정신작용 중에 긴장을 푸는 것이 어렵다고 느낀다. 현대 심리학자 중에는 바쁘지 않은 기간에도 약간의 공포가 따라온다고 하는 사람도 있지만, 꾸준한 활동이 창의적인 마음을 방해하는 것은 사실이다. 이성적인 마음의 재잘거림이 없을 때 새로운 지식과 지혜를 얻게 될 가능성이 많다.

창의적인 생각을 위한 최상의 방책은 속도를 늦추고 내면으로 들어가는 것이다. 내면으로 들어가는 것은 믿고 질문하는 것이며 독창적인 생각의 원천인 창의적인 마음에 접근하는 것이다. 그런 마음은 상상력과 새로운 가능성에 열려 있다. 이것이 바로 마음의 질문이다.

깊은 지식은 경험에 의해 리더에게 영감과 직관의 형태로 주어진다. 고요한 마음으로 들어가면 경청할 준비가 된 것이다. 우리가 내면으로 들어갈 때, 그런 지식을 얻을 준비가 된 것이다.

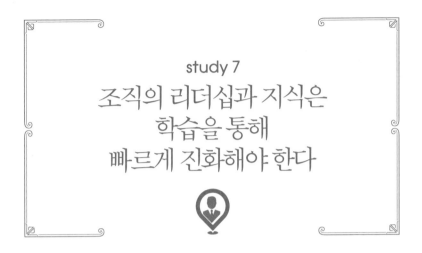

study 7
조직의 리더십과 지식은
학습을 통해
빠르게 진화해야 한다

무관심의 눈으로는 짧은 거리만 볼 수 있어서 그 이상은 없다고 생각하게 된다. 진실과 허위를 구별하는 식별력이 필요하다. 깨어 있는 것이 무엇보다 가장 중요하다.

—아마치(Ammachi), 인도 케랄라 주 출신의 힌두교도들의 정신적 지도자

스티븐 코비는, 훌륭한 리더는 자석이 가리키는 북쪽이 아닌 '진북(眞北)'을 추구하는 사람들이라고 한다. 이들은 많은 방법과 여러 가지 방식으로 혁신을 이룬다. 이들은 새로운 방법과 공정, 기술과

제작기법, 배달시스템과 절차, 유망한 시장 등을 찾아낸다. 변화와 수정을 통해 끊임없이 시스템을 조정한다. 가장 중요한 것은 그 혁신이 조직 내에서 끊임없는 학습으로 공유된다는 것이다.

지속적인 학습을 리더의 자격으로 채택하는 것은 오늘날 빠르게 발전하는 글로벌 경제에서 아주 중요하다. 조직은 과거 어느 때보다 빠르게 적응해 가고 있다. 글로벌 혁신과 변화에 뒤지지 않고 따라가려면 조직의 리더십과 지식은 학습을 통해 빠르게 진화해야 한다.

오늘날의 지식기반 조직에서 새로운 아이디어를 만들어내는 것은 일하는 사람들이며, 이들은 점진적인 개선을 통해 혁신해 나간다. '좋은 기업에서 위대한 기업으로'에서 짐 콜린스는 '끊임없이 학습이 이루어지는 조직'이, 성공하고 앞서나가 업계의 선두주자가 될 수 있다고 말한다. 리더들은 무난한 상태로 머물러 쇠퇴하거나, 끊임없는 학습으로 훌륭하게 되거나 둘 중 하나를 선택할 수 있다.

비즈니스 조직이 끊임없는 학습을 리더의 자격으로 정하면 그 문화는 혁신을 이루어 낸다. 회사는 직원들이 계속 시도하고 성장하도록 장려하고 지원한다. 학습은 직원들이 새로운 전문성을 발전시키고 도전하도록 한다. 또한 이런 학습은 직원들이 가치를 인정받는다고 느껴 다른 곳으로 이직하는 것을 막는 역할도 한다.

또한 학습은 직원들이 잘되고 발전해가려는 동기로 고양된 환경을 조성한다. 이들은 처음에는 새롭게 만들어내고 생산하기 위해 다른 사람들과 경쟁을 하기도 한다.

실수는 없고 오직 새로운 학습만이 있다는 격언이 있다. 교육과 실험 그리고 혁신을 장려하는 리더는 모험을 즐기는 문화를 조성하여, 직원들이 발전하고 조직이 글로벌 변화에 보조를 맞추어 나갈 수 있게 한다.

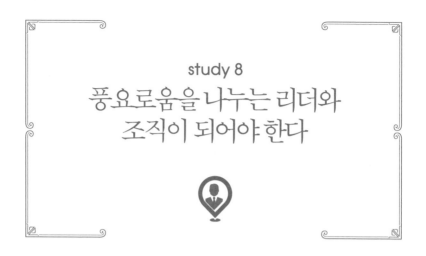

study 8
풍요로움을 나누는 리더와
조직이 되어야 한다

우리는 인식의 문턱을 높여 우리 자신을 볼 수 있어야 한다. 우리는 인류라는
불멸의 신체에 있는 하나의 세포에 불과하다.

—노먼 커즌즈 박사(Dr. Norman Cousins), '질병의 해부'의 저자

주는 것과 받는 것에는 별 차이가 없다.

—'기적의 과정'

고대 종교의 전통을 보면 주는 행위를 통해 기부와 자비의 리더의
자격을 꾸준히 가르쳤다. 그들은 자선행위를 하거나 다른 사람에게

봉사를 하고 수입의 일정부분을 바치도록 해서 동정심을 표현하도록 가르쳤다. 이 가르침은 자비의 정신을 개인의 덕목에 포함시켰다.

오늘날에는 '영리를 추구'하는 자선 기업가'라고 부르는 회사를 지향하는 큰 움직임이 있다. 이런 움직임은 일을 잘하면서도 좋은 일을 하려고 하는 것이다. 베푸는 것에는 주고받는 보편적인 원리가 담겨 있다. 사업이 상당한 수익을 내고 그 일부를 직원들에게 분배할 때, 직원들은 감사와 선의의 마음을 갖게 되고 좋은 서비스로 보답한다. 또한 영양이 부족하고 경제적인 어려움을 겪거나 집이 없는 사람들을 도와주면, 그 조직의 브랜드는 자선과 봉사를 하는 기업 이미지를 갖게 된다.

앞서가는 스승은 돈에는 생명이 없다는 것을 상기시킨다. 돈은 상징에 불과하다. 돈은 그것에 부여된 에너지를 나타낸다. 따라서 돈은 사람들로부터 결핍이나 풍부함이라는 에너지를 받는다. 사람들의 낮은 에너지는 두려움과 부족함을 나타내는 반면, 이들의 높은 에너지는 풍부함과 평화로움을 드러낸다. 스티브 다눈치오(Steve D'Annunzio)의 '번영의 패러다임'에서는 이런 개념을 자세히 설명하고 있다.

나는 진정한 부를 풍부함이라고 재정의하고자 한다. 풍부함과 번영은 삶의 많은 단계에 실제로 존재하고 있다. 풍부함은 사람들과의 관계, 사랑, 적당한 경제 상황, 마음의 평화 그리고 학습이 있는 삶을 일컫는다. 세상은 당신이 기부하는 모든 부에 삶의 풍요라는 형태로 보답한다.

유능한 사람들이 자신의 풍요로움을 나눌 때, 그것은 매우 보람 있는 경험이 된다. 삶의 가장 큰 기쁨 중의 하나는 덜 풍족한 사람들의 삶을 조금이라도 풍요롭게 할 수 있다는 점이다. 고대 종교의식은 하나의 가이드라인으로, 수입의 10퍼센트를 자선기금으로, 10퍼센트를 세금과 공공 서비스를 위해, 그리고 나머지 80퍼센트를 자신의 가족과 사랑하는 사람들을 위해 남겨두도록 권했다.

이런 방식은 신성한 봉사라고 할 수 있다. 자비는 자신의 마음을 다른 사람의 마음과 연결시켜주고 공동체의 깊은 의미를 제시해 준다. 자신의 풍요로움을 나누는 리더와 조직은 다른 사람에 대한 기부를 통해 자기 자신의 삶을 내면으로부터 더 풍성하게 만든다.

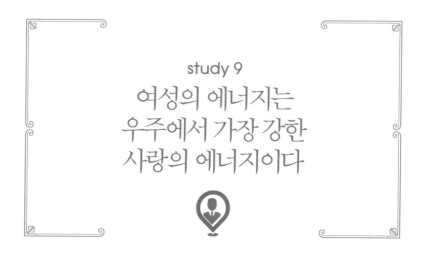

study 9
여성의 에너지는 우주에서 가장 강한 사랑의 에너지이다

남자를 이해하되 여자도 남겨두어라. 세상을 당신의 팔에 품어라.

―도덕경

여성의 에너지는 사랑처럼 매우 현명하고 강력하지만, 따뜻한 보살핌이 있고 부드럽다. 비즈니스 리더가 여성의 이런 특성을 포용하는 것은 오늘날 매우 중요하다. 그것은 리더십의 에너지와 비즈니스 문화에 균형을 가져온다. 최근까지 우리의 능력주의 사회에서 여성의 자리는 눈에 띄게 비어 있었다. 여성성은 직관적인 지혜, 성심성의, 보살핌, 그리고 포용성이 있는 균형 잡힌 활력을 가져온다.

유능한 리더십의 패러다임에서는 차이를 찾아 누그러뜨리는 좀 더 포용적인 접근방식을 취한다. 여성성은 여러 가지 전후관계 속에서 내용의 핵심을 이해한다. 그리고 극단적인 입장을 재빨리 부드럽게 해주기도 한다. 그것은 화해와 치유를 추구하며 공격적이기보다는 회유적이다.

여성의 시각은 차이점을 이해하고 그것을 좁히는 기능을 하며 반대편으로부터 의견일치를 이끌어낸다. 여성의 에너지는 정신과 같이 우아하고 평화스런 해결책을 모색한다. 그것은 보편적인 모성애—우주에서 가장 강한 사랑—의 에너지이다. 여성의 이런 지각은 리더십에서 존경받는 자리를 차지할 가치가 있다.

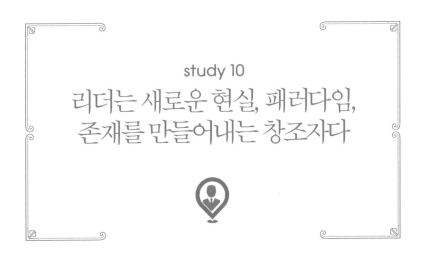

리더는 새로운 현실, 패러다임, 존재를 만들어내는 창조자다

불가능한 것은 없다. 모든 것에는 다 나름의 방법이 있으며, 충분한 의지만 있다면 방법 또한 충분히 있다. 불가능하다고 말하는 것은 단지 변명을 위한 구실에 불과하다.

—프랑수아 라 로슈푸코(Francois La Rochefoucauld), 프랑스 작가

　우리 이전의 세대들은 모두 상상의 한계를 높이는 역할을 한 셈이다. 생각해보라. 전기나 라디오, TV, 전화, 컴퓨터, 인터넷, 자동차 그리고 제트기에 이르는 이 모든 것이 없는 삶을 상상할 수 있겠는가. 상상력은 우리 삶을 바꿔놓은 발명들을 세상에 안겨다 줬다. 이

런 발명을 이끈 리더들은 높은 영감을 통해 이런 아이디어들을 품었다가 실제로 세상에 그대로 펼쳐 냈다.

'권력의 종언'에서 트레이시 고스는 리더의 기질에 성공 전략이 새겨져 있다고 말한다. 그녀는 '성공 전략은 무엇을 하는가보다는, 당신이 하고 있는 것의 근원이라고 할 수 있다. 이것은 당신이 누구인가를 보여 주는 것이다.'라고 말한다. 성공전략은 무엇이 이루어질 수 있는가에 대한 인간의 전망에도 작용한다. 리더는 이 패러다임을 통해 무엇이 가능한가를 가늠해서 점진적으로 개선시켜 나간다.

고스는 그런 후 '경영자의 재창조'를 성공전략의 한계로부터 완전히 새로운 패러다임으로 가는 과도기라고 묘사한다. 새로운 패러다임은 완전히 새로운 현실을 만들어낸다. 무엇이 가능한지를(성공 전략의 시각으로) 보는 대신, 불가능해 보이는 것을 가능하게 만들 것을 요청한다. 리더들이 장애와 한계를 뛰어넘어 마음속에 그리던 것을 새로운 상상 속의 현실로 만들어낼 때, 불가능한 것을 가능하게 실현해 보이겠다고 선언하는 것이다. 예전에 불가능했다고 여겨졌던 것들이 종종 가능한 현실이 되기도 한다.

이런 예들은 역사를 통해 얼마든지 찾아볼 수 있다. 라이트 형제는 공기보다 무거운 기계가 날 수 있을 것이라고 상상했다. 간디는 영국이 인도에 대한 식민 지배를 포기하고 떠날 것으로 생각하고 그것이 현실이 될 때까지 무폭력 저항에 인생을 바쳤다. 전기와 전화,

자동차, 개인 컴퓨터에 이르기까지 오늘날 지극히 평범해 보이는 것들이 처음 도입될 때에는 아주 혁명적인 것으로 여겨졌다. 이 모든 것들이 한때는 불가능하게 여겨지던 것들이다.

　트레이시 고스의 아이디어는 반문화적이라고 할 수 있다. 경영자의 재창조는 리더들이, 승산이 없어 보이는 확률, 불가능한 도전, 운이나 가능성을 넘어서는 것처럼 보이는 것들을 실현시킬 수 있다는 혁명적인 아이디어를 촉진시킨다. 상상의 현실은, 과거에 가능했던 것에 대한 믿음에 의해 가장 많이 제한받는다. 보통 리더는 점진적인 개선이라는 전통적인 방법으로 일을 진행한다. 불가능한 것을 가능하게 하는 것은 그 다음 일이다. 전체 신념구조가 도전을 받아 재창조가 일어난다. 더불어 목적에 집중하여 끊임없이 노력할 때 가능성을 높일 수 있다.

　경영자의 재창조로, 리더는 명확한 입장을 취하고 특별한 확실성을 더한다. 그러나 이것은 역사적 전례나 입증된 것이 없기 때문에 평범한 관점이 아니다. 이는 곤란을 무릅쓰고 실행하고자 하는 서약이다. 이 헌신적인 행위는 미래를 형성하는데 확실한 역할을 한다.

　가능성의 영역은 목표와는 달리, 단순히 현재에서 그냥 갈 수 있는 곳이 아니다. 그것은 현재에서 '유래가 된' 만들어진 미래인 것이다. 과거와는 상관이 없기 때문에 전통적인 '……하기 위한 순서'가 없으며 특정한 결과나 성공 혹은 실패가 없다. 단지 특정한 가능성의 영역을 실현시키는 것이다. 대부분의 리더십 패러다임과는 달리 실패가 없다. 선언과 입장표명, 노력이 병행되면 여전히 가능성을 앞으로 밀고 나갈 수 있기 때문에 실패와는 전혀 무관한 것이다.

실현을 위해서는 리더가 실행의 촉매제 역할을 해야 한다. 리더는 새로운 현실, 새로운 패러다임, 새로운 존재를 만들어내는 창조자다. 리더십이 이렇게 재창출될 때 완전히 새로운 전선이 구축되어 불가능한 것이 실현되게 된다.

study 11
제한된 신념을
넘어서야 한다

자신의 이야기가 없다면 자신을 누구라고 할 수 있겠는가? 당신이 묻기 전까
지는 알 수가 없다. 거기에는 당신을 이끌어 줄 이야기가 없다. 이야기는 오
히려 자기 자신으로부터 멀어지게 만든다. 당신은 이야기가 있기 전에 존재
하는 것이다. 이야기가 이해되었을 때 남아 있는 것은 바로 당신이다.

—바이런 케이티(Byron Katie), '기쁨을 위한 천 가지 이름'의 저자

성격은 생각과 감정을 합쳐 놓은 것이다. 사람들은 자신이 누구인
가에 대한 믿음을 바탕으로 자신에 대한 이야기를 만들어낸다. 사람
들은 자신이 될 수 없는 것에 대해 각종 한계 상황과 믿음을 이야기

에 추가하기도 한다. 우리는 어릴 때 가족들과 문화적 환경의 보호를 받았다. 그래서 제한적인 신념까지 포함하여, 많은 생각들이 축적되어 현실세계와 자신에 대한 견해를 형성하고 부정확한 개념이 우리의 이야기를 구성한다.

성인들은 어린 시절의 한계를 넘어 성장하고, 완전히 새로운 존재인 자신을 위해 새로운 가능성을 만드는 데 초점을 맞추도록 끊임없이 도전한다. 리더들도 또한 이런 제한된 신념을 넘어서도록 요구받는다. 어린 시절에 형성된 견해는 우리 자신을 보호하기 위해 형성된 것이다. 그렇지만 누구로부터 보호받는다는 말인가? 당신의 이야기가 진정 당신이 누구인가에 관한 진실로부터 당신을 보호해 주는가? 당신의 훌륭함은 당신의 이야기에서 나오는 것이 아니다.

심리학을 공부했던 대학원 시절에, 나는 현실에 대한 자신의 견해와 제한된 신념에 대해 의문을 가질 수밖에 없었다. 그러나 모든 한정된 생각들이 두려움 때문이라는 것을 깨닫는 데는 그다지 오래 걸리지 않았다. 리더와 회사 경영자에게 있어 제한된 믿음을 초월하는 것을 '재창조'라고 부른다. 당신 안에 있는 진정한 리더를 이끌어내는 것은 진정한 당신을 끌어내는 것이다. 당신의 훌륭함은 이미 거기 있지만, 제한된 믿음 때문에 흐려져 잘 보이지 않았던 것이다.

바이런 케이티는 자신의 생각을 확인하고 신념을 점검하는 가장 효과적인 방법을 일러준다. 우리 이야기에서 벗어나는 것이 우리에게 내면의 평화를 가져다준다. 케이티는 워크숍에서 생각이란 신념 체계가 될 수 있는 개념이라고 강의했다. 사람들이 자신의 생각들을 믿을 때, 그 생각은 그들이 지각하는 세계가 된다. 사람들이 현실에 기반을 두지 않은 자기개념을 믿을 때, 이들은 현실과 싸우다 마침내 고통받는다. 사람들은 종종 현실과 일치하지 않는 '그래야 하는 방식'에 대해 어떤 신념을 가지는 경우가 있다. 이것이 바로 우리 마음에 이야기가 만들어지는 시점이며 이 이야기를 믿는 것이 모든 고통의 원인이다. 내면을 검토해 보면 진실을 찾을 수 있다.

'작업(The Work)'이라는 타이틀의 워크숍과 테이프, 책 등에서 케이티는 사람들에게 스트레스와 고통을 안겨 준 생각들을 점검해 보라고 권유한다. 이 생각들이 이야기 속에서 사람들을 작게 느끼게 하고 뭔가의 포로가 되게 만든다는 것이다. 이것은 자신의 정체성과 안전을 추구하려는 데서 비롯된 것이다. 케이티는 마음에 평화를 갖고 진실을 찾기 위해 이해심을 갖고 자신의 생각을 만나보라고 사람들을 격려한다. 그 질문은 생각과 신념이 사실상 진실인지를 물어보는 네 개의 직접적인 질문과 여러 간접 질문들로 구성되어 있다. 나는 '작업'만큼 효과적이고 직접적이며, 강력하면서 이해할만한 질문시스템을 보지 못했다.

나는 개인적인 깨달음을 통해, 기존의 지식을 버림으로써 가장 큰 배움이 시작된다는 것을 발견했다. 전통적인 지혜에 도전하고 자기 자신만의 진실을 발견하는 것이 필요하다는 것을 느꼈다. 이전의 조건들은 나의 강점 즉 사랑과 공감이 아니라 두려움과 허약함을 전제로 했다.

경험에 따르면, 오래된 한정된 생각이 더 이상 믿어지지 않을 때 아주 큰 영감이 나타난다. 그 생각들은 내가 믿을 때까지 계속 반복해서 내게 들려준 이야기들이었다. 실제로 나는 그 이야기가 '나'라고 믿었다. 내면으로의 여정은 오직 한 곳으로 안내한다. 바로 진정한 자신, 진실의 원천을 이해하는 것이다.

오래 형성되어 온 믿음에 도전하는 것은 마음의 충격을 위해서가 아니다. 이 여정의 가장 보람 있는 부분은 우리 이야기라고 불리는 버전이 아니라 진정한 자신을 발견하는 것이다. 인식과 진실 사이에는 엄청난 차이가 있다. 당신의 이야기를 포기할 준비가 되었는가?

대답이 긍정적이라면, 인생의 여정에 참여한 것을 환영하는 바이다. 이 여정에서 얻는 선물은 헤아릴 수 없을 만큼 클 것이다.

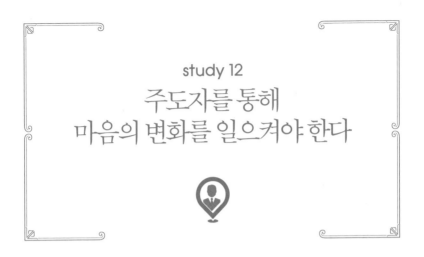

study 12
주도자를 통해
마음의 변화를 일으켜야 한다

큰 부를 축적한 사람, 혹은 적당한 부를 축적한 사람의 기록을 분석해 보라.
그러면 그들이 의식적으로든, 무의식적으로든 주도자 전략을 사용했다는 것
을 발견하게 될 것이다.

—나폴레옹 힐(Napolean Hill), '생각하라 그러면 부자가 되리라'의 저자

주도자의 목적은 현재의 한계나 관점을 넘어서서 마음의 변화를
일으키는 것이다. 의식은 사다리와 같아서, 마음의 변화는 더 높은
의식으로 옮겨가는 것이다. 주도자를 통해, 사람들은 '무한한 마음'
혹은 '창조적 마음'이라고 불리는 원천을 개척해 들어간다. 이 원천

은 상상력과 영감에 접근할 수 있는 곳이다. 의식이 일어날 때 현실이 바뀌고, 오래된 패러다임이 변할 때 새로운 경험이 가능해진다. 불가능한 것이 가능하게 되는 것이다.

리더가 주도자를 만들면, 헌신적인 사람들, 마음이 하나인 사람들, 그리고 가슴이 하나인 사람들이 많이 모여들고, 이들의 합은 전체를 합친 것보다 더 커지게 된다. 각 참가자는 집단이 바라고 각자가 집단 안에서 발견하기를 바라는 챔피언이다. 주도 그룹을 만드는 것은 팀 형성 이상의 가치가 있다. 그것은 리더십 형성의 예술적 경지라고 할 수 있다.

주도자 그룹은 창조와 재창조에 있어 특별한 환경을 조성한다. 그것은 비난과 편견, 걱정이 없는 장소이다. 참가자들은 새로운 비전 혹은 평생의 꿈을 찾도록 더할 나위 없는 격려를 받는다. 각 개인의 열망과 발전하고자 하는 의도가 다양한 방식으로 지원된다. 참가자들은 서로에게 지도자가 된다. 각자 자신의 생각을 검토 점검해서 새로운 가능성과 잠재력을 보도록 도전받는다. 이 그룹은 모두가 자신의 꿈에 대해 목소리를 내도록 고무하고 장려한다.

각 참가자는 무엇이 가능한가에 대한 비전을 형성하여, 연기나 점진적인 개선이 아닌 방식으로 실행하고, 권한 있는 선택을 한다. 또한 각 참가자는 새로운 패러다임의 탄생, 즉 삶의 실현이 이루어지도록 고무된다. 이 과정은 시야와 경계를 넓히고 뚜렷한 한계를 초월하며 새로운 삶의 방식을 구현하는 것이다.

나의 주도자 그룹에는 대단한 결속감이 있다. 각자 자신보다 더 훌륭한 뭔가가 되도록 고무받는다. 개인의 소외감이나 잘못된 정체감은 모두 사라진다. 다음 단계, 혹은 그 이상으로 변화할 수 있는 특별한 기회가 그룹 차원에서 지원된다. 그 변화에는 자기 자신 외에는 다른 제한 사항이 없다. 또한 주도그룹은 산업계의 지도자나 존경받는 코치, 컨설턴트 그리고 재창조의 전문가들이 쓴 저서들을 섭렵한다. 이 과정은 구성원들에게 힘을 실어 준다. 그러나 우리를 성장하게 하고 풍부하게 하는 것은 각 과정 사이에 있는 개인의 자아성찰과 명상의 과정이다. 우리는 우리 한계를 넓히고 우리 삶을 확장시켜 나가고 있다.

나는 관심 있는 리더들이 자신의 리더십 팀이나 다른 비즈니스 리더들 혹은 사회의 리더들과 주도자 그룹을 만들어 볼 것을 적극 추천하는 바이다. 주도자 과정은 대단히 만족스러우며, 그 결과는 경이적이다. 주도그룹에서는 사람의 마음과 정신이 합쳐져 더 좋은 선을 위해 함께 작용한다. 주도그룹은 '하나를 위한 모두와 모두를 위한 하나'가 되는 것이다.

유능하고 강력한
리더십 모델

유능한 리더십은 리더의 신념의 결과물이자 개인의 학습과 성숙도, 그리고 공감의 수준을 나타낸다. 기업 변화 컨설턴트인 리처드 배럿은 이 강력한 리더십 모델을 개발했는데, 애브라함 매슬로의 인간욕구 단계에 바탕을 둔 것이다.

각 단계들은 인간의 성숙 과정과 관련이 있고 삶의 단계적 발전을 포함하고 있다. 사람들은 그들이 태어난 가족과 문화적 정체성, 교육, 직장, 삶의 선택사항들에 의해 영향을 받는다. 사람들은 지나친 자기의식을 버리고 지혜를 얻고 의식을 발전시킨다.

낮은 세 단계는 자기 자신에 기초한 구성으로 짜여 있다.

첫 세 단계는 '그림자'를 포함한다. 그림자는 지나친 집중 혹은 강요의 일종인 강제이행이 행사되는 곳에 존재한다. 이 유형에서는 권한을 위임하거나 자유롭게 하는 것이 아니라 조종을 한다.

상위 네 단계는 회사가 의식적인 사회로 구현되고, 역동성이 확대되는 속에서 감정이입, 봉사, 공감, 포용성 그리고 다른 사람에 대한 기여에 좀 더 초점이 맞춰지는 특징이 있다.

1단계: 위기의 경영자

이 단계에서는 수익과 생존에 관심이 집중되어 있다. 리더들은 소방관 역할을 하며, 솔선하기보다는 반응적으로 되기 쉽다. 이 단계의 리더는 일을 투쟁으로 보며, 경제적 수입을 한정된 양의 자원을 개발하고 통제한 결과로 보고 있다. 갓 형성된 비즈니스는 처음에는 제한적이지만 부를 보유한다. 그런 다음 경제적 제약을 가해 고객 서비스 수준에 영향을 끼치며 내부 구성원들의 자원과 에너지도 혹사당한다.

2단계: 관계 관리자

이 단계에서 상관관계의 핵심 초점은 회사의 필요를 충족시키는 것이다. 여기서 관계는 수익과 성장을 위한 임무를 완수하는 것으로 여겨진다. 조직의 발전과 보조를 같이 할 개인 훈련과 발전에 할당되는 시간과 자원이 거의 없다. 리더는 끊임없이 무언가를 '하는' 상태에 있다. 관심은 고객에 대한 서비스에 집중되어 있다. 내부 생산자들을 위한 재충전은 거의 없다. 자원이 회사의 성장과 고객 서비스를 위해 무리하게 사용되는 과정에서 비난과 조종이 발생한다. 결과와 수익 모두 중요하다. 직원들은 수익과 고객 다음 순위이며, 장기간 사기가 꺾인다.

3단계: 관리, 감독자

효율성, 생산성, 기술, 시스템 그리고 과정이 모두 이 단계에서 관심의 대상이다. 리더는 한계 수익과 서비스의 이행을 크게 강조한다. 직원의 훈련과 멘토링은 우선순위에서 낮은 위치를 차지한다. 시스템이 사람보다 우선시함으로써 관료주의와 내부 만족이 유지된다. 시스템과 과정, 생산에 초점이 맞춰져서 직원들의 창의성이 장려되거나 중시되지 않는다.

4단계: 영향, 촉진자

이 변화 단계는 상위단계로 가는 통로 역할을 한다. 혁신과 계속적인 개선이 강조된다. 리더들은 다시 생각하고 계획하여 시스템을 재창조하며, 과정의 개선을 통해 설비를 일신한다. 독립적인 창의성과 직원들 개개의 기여가 장려되고 높이 평가받는다. 진정한 팀 형성과 진정한 대표, 그리고 주인의식이 생겨난다. 이 단계에서는 뚜렷한 그림자가 존재하지 않는다.

5단계에서 7단계까지는 봉사하는 리더가 지배하는 패러다임이다.

5단계: 영감을 주는 통합자

회사 공동체가 이 단계에서 존재한다. 활기차고 긍정적인 회사 문화가 비즈니스 모델과 시스템 내에서 발전한다. 비전과 사명이 핵심 가치와 함께 공유되고 주입된다. 내용은 소책자에 쓰이는 용어보다는 하나의 통합된 신조에 가깝다. 문화적 응집, 협력, 그리고 창의성이 모든 회사 기능 속에 뚜렷이 드러난다. 이와 같은 부드러운 역동성은 생산성과 수익성, 그리고 효율성에 가공할 기여를 하기 시작한다. 사람들과 조직의 사기 수준은 높아지고 지속적이다.

6단계: 협력, 조언자

이 단계에서는 고객과 이해 당사자 그리고 지역 사회와 함께 협력과 지원이 이루어진다. 회사와 구성원들은 전략적인 동맹자들로 여겨진다. 직원에 대한 권한위임과 공동체의 지지, 환경을 보살피는 일 등이 조직의 기본구성과 윤리적 건전성에 필수적인 부분이다. 시간과 돈을 들여 사회에 기여하는 것이 높이 평가되며 전략적 협력자로 여겨진다.

7단계: 비전 지향, 지혜의 리더

사회 전체와 나라, 지구촌, 그리고 환경을 위한 봉사가 회사의 발전과 성장에 있어 중심이 된다. 관심의 초점은 리더들이 공감과 비전을 갖고 지구촌을 위해 혹은 지구촌과 함께 창조하고 재창조하는 것이다. 장기적인 시각, 세계 인구에 대한 염려, 그리고 도덕의식이 만연해 있다. 이런 가치들이 리더십의 핵심을 이룰 때, 모든 리더와 사람들 그리고 지구가 번창한다.

글로벌 차원에서 봉사하는 혁신적이고, 온정적이며, 유능한 리더는 환영받으며, 임무와 목적이 모두의 선에 이익이 되는 조직을 만들도록 요청받는다. 지구촌은 일련의 새로운 리더를 요구한다. 5, 6, 7단계 리더들은 21세기가 필요로 하는 유능한 새로운 리더들이다.

에필로그

21세기는 새로운 리더를 요구한다. 그것은 조직과 모든 관련자들, 그리고 크게는 더 큰 사회의 선을 포용하는 유능한 리더이다. 또한 진정한 마음으로 효과적으로 의사소통하는 영적이고 윤리적인 존재다. 그리고 공감할 줄 아는 창조자이다.

지금 당신 앞에 있는 책은 리더의 자격에 대해 매우 쉽게 배울 수 있는 기술을 총망라해서 모아 놓았다. 우리 각자에게는 잠재된 재능이 있으며 나머지는 학습에 의해 발전하는 것이다. 여기에 나오는 리더의 자격들은 리더십 기술을 내면으로부터 변화시키고자 하는 어느 누구라도 받아들일 수 있는 실행사항들이다. 당신의 리더십 여정에 축복과 기쁨이 있기를 바라며 부디 이 책을 참고 안내서로 활용하기 바란다.

마이클 스캔츠